Historia de los judíos

Una guía fascinante de la historia de los judíos, desde los antiguos israelitas hasta la Segunda Guerra Mundial, pasando por el dominio romano

Índice

INTRODUCCIÓN: EN EL PRINCIPIO...1

CAPÍTULO 1 - EL GRAN ÉXODO 5

CAPÍTULO 2 - LA CONQUISTA DE LA TIERRA PROMETIDA 10

CAPÍTULO 3 - DE BABILONIA A LA ABOMINACIÓN DE LA
DESOLACIÓN 16

CAPÍTULO 4 - LOS INICIOS DEL DOMINIO ROMANO 25

CAPÍTULO 5 - UN JUDÍO DE GALILEA 31

CAPÍTULO 6 - EL SURGIMIENTO DEL CRISTIANISMO A
PARTIR DEL JUDAÍSMO..38

CAPÍTULO 7 - DESTRUCCIÓN Y DIÁSPORA 46

CAPÍTULO 8 - LA ENSEÑANZA TALMÚDICA DE LOS EXILIADOS........51

CAPÍTULO 9 - LOS JUDÍOS Y EL SURGIMIENTO DEL ISLAM 57

CAPÍTULO 10 - LAS CRUZADAS, LA CÁBALA Y MAIMÓNIDES 63

CAPÍTULO 11: LA INQUISICIÓN ESPAÑOLA 74

CAPÍTULO 12: LA EMANCIPACIÓN JUDÍA 80

CAPÍTULO 13: CON LA MIRADA PUESTA EN SIÓN 86

CAPÍTULO 14: LA CREACIÓN DEL ESTADO MODERNO DE
ISRAEL..98

CONCLUSIÓN: LA HISTORIA DEL MUNDO 104

VEA MÁS LIBROS ESCRITOS POR CAPTIVATING HISTORY 106

APÉNDICE A: OTRAS LECTURAS Y REFERENCIAS 107

Introducción: En el principio...

Los pueblos y las culturas de todo el mundo y a lo largo de la historia han elaborado su propia historia de origen. La historia del origen de los judíos y de la humanidad en general se encuentra en el libro bíblico del Génesis. Aunque no todo el mundo cree en la veracidad de la Biblia, miles de millones de judíos, cristianos y musulmanes, que mantienen la narración como algo muy importante para sus respectivas religiones, tendrían que estar en desacuerdo.

Según el Génesis (o como se llama en hebreo, "Bereshit", que significa literalmente "en el principio"), antes de la creación, la tierra estaba "sin forma y vacía" y "las tinieblas estaban sobre la superficie del abismo". El Libro de Génesis describe cómo Dios trajo la vida a la tierra, creando toda clase de plantas y animales, antes de diseñar finalmente la mayor obra de su creación: el propio ser humano.

Para los que interpretan las escrituras literalmente, este fue el comienzo real de la historia judía. Por supuesto, los más escépticos y cínicos entre nosotros seguramente discreparán. En cualquier caso, aunque el Libro de Génesis ofrece una de las historias de la creación más famosas de todos los tiempos, la creación del propio Libro de Génesis se remonta, no a los albores del tiempo, sino a unos pocos miles de años atrás. Se cree que fue escrito por un hombre llamado Moisés.

De hecho, a Moisés se le atribuye la redacción de los cinco primeros libros de la Biblia/Torah. Se cree que Moisés compiló la Torá alrededor del año 1445 a. C. mientras la nación de Israel realizaba su éxodo de Egipto (el Libro del Éxodo es en realidad el libro que sigue al Génesis). Independientemente de cuándo fue escrito, y de si alguien lo cree o no, el Libro de Génesis intenta contar el comienzo de la historia judía.

Moisés, o quienquiera que haya relatado los acontecimientos, tuvo que retroceder en el tiempo para contarnos lo que sucedió. Después de la historia general de la creación, el libro de Génesis sigue un linaje específico de personas, que en última instancia conduce al gran patriarca bíblico, Abraham. Es Abraham quien es identificado como el padre fundador del judaísmo como religión.

Abraham era de una antigua ciudad de Oriente Medio llamada "Ur". La ciudad de Ur se encuentra en el actual Irak, cerca de la ciudad de Nasiriyah. Según la narración del Génesis, la mayoría de los habitantes de esta región eran politeístas, es decir, creían en muchos dioses. A Abraham se le revela que solo hay un Dios. A partir de esta revelación, desarrolló las primeras cepas de la religión monoteísta que acabaría convirtiéndose en el judaísmo.

Irónicamente, se dice que el propio padre de Abraham, Taré, se ganaba la vida fabricando y vendiendo ídolos de piedra. Independientemente de la influencia de su padre, Abraham crecería y viviría de acuerdo con el lema de "No es el hombre quien hace a Dios, sino Dios quien hace al hombre". Abraham, que ya no creía que se pudieran esculpir nuevos dioses en piedra a pedido, comenzó a revelar su nueva creencia en una deidad suprema a todos los que quisieran escucharlo.

Junto con este nuevo sistema de creencias monoteístas, Abraham recibió la misión de viajar a la tierra de Canaán (la actual Israel/Palestina). Según Génesis 12: 2-3, Dios le dijo a Abraham: "Haré de ti una gran nación y te bendeciré; engrandeceré tu nombre y serás una bendición. Bendeciré a los que te bendigan, y a los que te maldigan los maldeciré; y todos los pueblos de la tierra serán bendecidos por ti".

Ciertamente, es algo bastante embriagador decirle a un hombre que "todos los pueblos de la Tierra serán bendecidos" *a través de él.* Pero se dice que este pacto representaba mucho más que a Abraham. Muchos teólogos han llegado a interpretar que Abraham es un doble simbólico de la propia nación de Israel. En cualquier caso, Abraham respondió a esta llamada divina y se llevó a su familia, que en aquel momento estaba formada por su mujer, Sara, y el hijo de su hermano, Lot.

Todo parecía ir bien en la tierra de Canaán hasta que se produjo una devastadora hambruna. La hambruna hizo que Abraham tomara a su esposa y al hijo de su hermano y se aventurara al sur de Canaán, en la tierra de Egipto. Abraham se las arregló para llevar consigo una gran cantidad de riqueza y, durante un tiempo, a él y a su familia les fue bastante bien. Sin embargo, según las escrituras, el drama se desencadenó cuando Sara, que en ese momento no podía tener hijos, convenció a su marido Abraham para que se acostara con su "sierva" Agar y así poder tener un hijo a través de ella.

Según las escrituras, Agar dio a luz a Ismael. Más tarde surgieron problemas cuando Sara y Abraham consiguieron tener un hijo propio, al que llamaron Isaac. Como tenía que criar a su propio hijo, Sara empezó a sentir resentimiento contra Agar e Ismael, y básicamente los echó. Un ángel intervino para ayudar a pastorear a Agar e Ismael a través del desierto y asegurar su supervivencia. Casualmente, los árabes han trazado durante mucho tiempo su linaje a partir de Ismael.

El siguiente episodio importante en la vida de Abraham fue cuando Dios decidió "probar" a Abraham ordenándole que sacrificara a su único hijo, Isaac. Abraham no tenía idea de por qué Dios haría tal cosa, pero sabía que la voluntad de Dios tenía un propósito. Así que, con gran tristeza, obedeció. Según el Génesis, fue justo cuando estaba a punto de clavar el cuchillo a su propio hijo que un ángel intervino, diciendo que todo el asunto era solo una prueba de su fe.

Más tarde, los cristianos señalaron esta parte de la Biblia y establecieron un paralelismo con la idea de que Dios estaba dispuesto a sacrificar a su propio hijo, Jesús, en la cruz. Otros han señalado que esto podría haber sido una lección objetiva para Abraham para mostrarle que el Dios de Israel no exigiría sacrificios humanos, a diferencia de los dioses que adoraban los otros habitantes de Canaán, con los que se pensaba que el sacrificio humano era bastante común.

En cualquier caso, fue a través de Isaac que progresó el linaje de lo que sería la nación de Israel. Isaac fue el padre de Jacob, que más tarde tomaría el nombre de Israel. Jacob procreó doce hijos, de los que se derivan las "doce tribus de Israel". Pero la siguiente persona importante en esta narración tendría que ser José, quien, por los celos y las artimañas de sus hermanos, fue vendido como esclavo en Egipto.

Según las escrituras, aunque el destino de José parecía inicialmente bastante sombrío, su fortuna dio un vuelco considerable. Pasó de ser un esclavo a un miembro de alto rango de la corte del faraón. Otra hambruna asolaría Canaán, y sus hermanos, que antes le habían traicionado, acabaron ante él, literalmente suplicando su ayuda. José no solo los perdonó, diciéndoles: "Lo que querían que fuera malo, Dios lo ha convertido en bueno", sino que también rescató a su familia y a varios otros judíos permitiéndoles escapar de la hambruna de Canaán trasladándose a la próspera tierra de Egipto.

Esto marca el comienzo del regreso de los judíos a Egipto. Con el paso de los años, su situación cambió y los judíos se convirtieron en esclavos de los egipcios. Esto, por supuesto, nos lleva al hombre del que se nos dice que narró la crónica de estas antiguas historias de los israelitas en primer lugar (tanto si usted decide creer en su veracidad como si no): el patriarca bíblico Moisés.

Capítulo 1 - El gran éxodo

"En un seminario teológico judío hubo una larga discusión sobre las pruebas de la existencia de Dios. Después de algunas horas, un rabino se levantó y dijo: 'Dios es tan grande que ni siquiera necesita existir'".

—Victor Frederick Weisskopf

En lo que respecta a lo que se puede extraer de las escrituras, la siguiente época importante de la historia judía se refiere a un improbable patriarca llamado Moisés. Según las escrituras, Moisés tuvo un comienzo improbable. El faraón de Egipto decidió reducir la floreciente población judía en Egipto, y planeó hacerlo ordenando que "todo niño hebreo que naciera" fuera arrojado "al Nilo".

Moisés, de tres meses de edad, fue efectivamente arrojado al río Nilo, pero no fue arrojado para que se ahogara. Su madre lo puso cuidadosamente en una cesta y lo hizo flotar en las aguas. Momentos después, la propia hija del faraón vio al bebé Moisés flotando en su cesta. Al ver al niño, su corazón se conmovió y sintió compasión por él. En lugar de dejar que el niño pereciera, recogió la cesta y adoptó a Moisés como propio.

De hecho, fue ella quien le puso el nombre de "Moshe" o "Moisés", que era una palabra egipcia para "hijo". De manera similar a lo que le había sucedido al bíblico José, este cambio de fortuna hizo que Moisés se criara en la corte del faraón, con todo el poder y el prestigio que ello conllevaba.

Sin embargo, al llegar a la madurez, Moisés comenzó a investigar las penurias impuestas a sus hermanos biológicos. Mientras observaba a los israelíes esclavizados trabajando duro, Moisés fue testigo de cómo un tratante de esclavos egipcio agredía con saña a un judío. Ver a su propia gente maltratada de esa manera hizo que algo se rompiera dentro de Moisés, y sin pensarlo, mató al despiadado egipcio.

Trató de encubrir el acto enterrando al egipcio muerto, esperando que no se supiera nada de sus acciones, pero al día siguiente, cuando volvió al lugar de trabajo, donde los esclavos judíos ya estaban trabajando afanosamente para los egipcios, quedó claro que ya se había corrido la voz. La escritura nos dice que esta vez, Moisés vio a dos judíos peleando entre sí, y después de tratar de separarlos, uno de ellos, irritado por la interferencia, gritó: "¿Quién te ha nombrado gobernante y juez sobre nosotros? ¿Piensas matarme como mataste al egipcio?".

Como Moisés era ahora un conocido asesino, huyó a la ciudad de Madián. Aquí, las escrituras nos dicen que el renegado Moisés fue acogido por un amable pastor llamado Jethro. Moisés se lleva bien con Jetro y su familia, tanto que se casa con la hija de Jetro, Séfora, y tiene un hijo con ella. No está claro cuánto tiempo permaneció Moisés en su exilio autoimpuesto en Madián, pero las escrituras dicen: "Durante ese largo período, el rey de Egipto murió. Los israelitas gimieron y clamaron en su esclavitud, y su grito de auxilio a causa de su esclavitud subió a Dios".

Al parecer, fue después de la muerte del rey de Egipto cuando Moisés tuvo un encuentro cercano con Dios. Moisés estaba en el desierto cuidando las ovejas de Jetro cuando un objeto que la escritura describe como una "zarza ardiente" apareció en el desierto y comenzó a hablarle. La voz que emanaba de la extraña anomalía ordenó a Moisés que volviera a Egipto, informara a los hebreos de que su libertad estaba cerca y exigiera a los egipcios que liberaran a los judíos.

A pesar del impresionante fenómeno que tenía ante sí, el de la "zarza ardiente" inquietantemente iluminada, Moisés se mostró escéptico. En lugar de aceptar simplemente la palabra de Dios, empezó a debatir sobre la fuerza sobrenatural que había entablado una conversación con él. En un momento dado, Moisés pregunta a la zarza ardiente: "Supongamos que voy a los israelitas y les digo: 'El Dios de vuestros padres me ha enviado a vosotros', y ellos me preguntan: '¿Cuál es su nombre? Entonces, ¿qué les diré?'".

La respuesta a la pregunta de Moisés fue sorprendente, y más tarde se convertiría en el centro de muchos debates filosóficos. Porque la voz de la zarza ardiente respondió: "Yo soy lo que soy. Esto es lo que debes decir a los israelitas: 'YO SOY me ha enviado a vosotros'". La voz de la zarza ardiente declaró ser "El Gran YO SOY". Esto sería importante en posteriores debates religiosos y metafísicos porque serviría como respuesta a la propia historia del origen de Dios.

Muchas culturas de todo el mundo han luchado durante mucho tiempo con la cuestión de dónde vino su dios (o dioses). Sus religiones, que sin duda utilizan conceptos con los que ya estaban familiarizados, suelen tener historias en las que un dios fue, de alguna manera, engendrado o creado por otro dios. Esto, por supuesto, crea un evidente enigma, ya que constantemente había que tener un dios antes que otro. De lo contrario, ¿de dónde venía el dios anterior?

Sin embargo, el Dios de los judíos resuelve este dilema al no tener principio ni fin. Está más allá de la comprensión humana cómo algo como Dios puede existir sin más, pero aunque los simples mortales no son capaces de comprenderlo, la zarza ardiente confirma a Moisés que no tiene antecedentes. Al preguntarle: "¿De dónde vienes?

¿Cómo has llegado hasta aquí?" Dios responde simplemente: "Yo soy".

En realidad, no es ningún secreto que la existencia es uno de los mayores misterios que los humanos se esfuerzan por resolver. Ninguna ciencia o religión ha explicado nunca adecuadamente cómo es posible, en primer lugar, cualquier cosa de nuestra realidad física. Si usted cree en la ciencia y en el Big Bang, podemos rastrear los orígenes del universo físico hasta una molécula finita que explotó y se expandió en el universo hace unos trece mil millones de años, pero ningún científico puede decir de dónde vino esa molécula. Al igual que ningún teólogo puede decir de dónde vino Dios.

Por lo tanto, nos resulta sencillamente imposible entender cómo puede surgir *algo* de la *nada*. Sin embargo, a pesar de la aparente imposibilidad de su existencia (y la de todo lo demás), la zarza ardiente declara enfáticamente: "YO SOY". Básicamente, Dios le está diciendo a Moisés: "¡Yo existo, lo entiendas o no! Yo existo".

Con estas nuevas revelaciones, Moisés regresó a Egipto y consultó con los líderes de los hebreos. Moisés debía ser el portavoz de los judíos, pero se quejó de tener "labios vacilantes". Esto es aparentemente una referencia a un problema de tartamudez que tenía Moisés, que le dificultaba hablar en público. Por esta razón, Moisés pidió que alguien le acompañara para hablar en la corte del faraón. Su propio hermano, Aarón, fue elegido para esta tarea. Hay que recordar que, aunque Moisés fue adoptado por los egipcios, su hermano Aarón, perdido hacía tiempo, había permanecido con la familia biológica de Moisés.

Moisés y su hermano Aarón fueron a la corte y se presentaron ante el faraón. Le comunicaron la noticia de que nada menos que el creador de la Tierra les había dado instrucciones divinas para que le dijeran al gobernante de Egipto que dejara ir a su pueblo.

Como ya se sabe, el faraón tenía un "corazón duro" y no escuchó estas sentidas súplicas. Según las escrituras, este rechazo provocó la ira de Dios, y Egipto fue sometido a varias plagas, incluida una en la que un "ángel de la muerte" pasó por los hogares egipcios y mató a todos los primogénitos egipcios. Mientras tanto, a las familias judías se les ordenó poner sangre de cordero en los lados y en la parte superior de sus puertas para que el ángel de la muerte pasara por encima de ellas. Tanto si se cree en la veracidad del supuesto suceso como si no, se trata de un momento importante para la historia judía, ya que es el origen de la fiesta judía de la Pascua judía o Pésaj. Como el ángel de la muerte "pasó por encima" de sus casas, los judíos se libraron de la ira de Dios.

Después de que estas plagas devastaran la región, el faraón, que perdió a su hijo primogénito durante la última plaga, finalmente se hartó y accedió a dejar ir a Moisés y a su pueblo. Recogieron sus pertenencias y emprendieron su viaje, que esperaban que les llevara a algo mejor.

Pero justo cuando Moisés y todos los que le seguían se encontraban en el desierto, iniciando su viaje hacia la Tierra Prometida, el faraón cambió repentinamente de opinión y envió sus fuerzas para interceptarlos. La escritura describe entonces uno de los mayores milagros de la Biblia: la "separación del mar Rojo". Con el mar Rojo frente a ellos y con las tropas egipcias reunidas detrás, los judíos no tenían dónde ir. Dios, a través de Moisés, abrió el mar Rojo y permitió a los judíos cruzar el lecho seco del mar.

Aunque tardó un momento, el faraón, aturdido, se sobrepuso a la visión que tenía ante sí y envió a su ejército en su persecución. Pero tan pronto como los judíos cruzaron a salvo, las aguas volvieron a su lugar, matando a los egipcios que se atrevieron a seguirlos.

Capítulo 2 - La conquista de la Tierra Prometida

"El alma, cuando se acostumbra a las cosas superfluas, adquiere un fuerte hábito de desear cosas que no son necesarias para la conservación del individuo ni para la de la especie. Este deseo no tiene límite, mientras que las cosas necesarias son pocas y están restringidas dentro de ciertos límites; pero lo superfluo no tiene fin".

—Moisés Maimónides

Después de salir de Egipto, las escrituras nos dicen que los israelitas marcharon a través del desierto del Sinaí, pero se desviaron en el desierto durante cuarenta años. Solo después de cuatro décadas los judíos llegaron a la Tierra Prometida de Canaán. Para entonces Moisés había muerto y fue reemplazado por un hombre llamado Josué. Josué condujo a los judíos al otro lado del río Jordán y a la ciudad de Jericó.

Este fue el lugar de una famosa historia bíblica. En Jericó, los judíos marcharon alrededor de la ciudad, aplaudiendo, gritando y tocando las trompetas hasta que los muros se derrumbaron. Los más escépticos, por supuesto, probablemente no prestarían demasiada atención a estos relatos. Sin embargo, independientemente de las creencias de cada uno, Jericó es una ciudad real. Los restos de la ciudad se encuentran en Israel, y los arqueólogos han rastreado los restos y han llegado a la conclusión de que este asentamiento humano data de hace unos 11.000 años.

Si esto es cierto, significa que la ciudad ya era antigua cuando Josué condujo a los israelitas a sus murallas hace 3.000 años. Para los israelitas, la toma de Jericó fue el primer paso para apoderarse de toda la tierra de Canaán. Después de tomar la ciudad, lanzaron tres grandes campañas militares que les permitieron hacerse con el poder de todo el país. La primera campaña se lanzó justo después de la toma de Jericó, y condujo a la toma de toda la tierra circundante en el centro de Canaán. La segunda campaña se dirigió al sur para eliminar las amenazas más cercanas, mientras que la tercera selló el país del norte de posibles ataques.

A la luz del conflicto israelí-palestino actuales, algunos palestinos han señalado que, según ellos, los judíos se apoderaron ilegalmente de Canaán, lo que está directamente documentado en las Escrituras, en un intento de pintar a los israelíes como invasores y ocupantes desde el principio. Algunos palestinos han intentado incluso afirmar que el pueblo palestino desciende de los cananeos. Sin embargo, en realidad no es tan sencillo. Por un lado, los judíos habían vivido en la tierra de Canaán antes de su éxodo de Egipto. Recuerde que Abraham se había establecido en Canaán mucho antes de que Moisés sacara a los judíos esclavizados de las tierras egipcias. En esencia, estaban regresando a la tierra en la que se había establecido la alianza de Abraham. Además, había judíos que nunca habían salido de Canaán en primer lugar, los que ya estaban en la tierra cuando sus hermanos previamente esclavizados regresaron. Así que, aunque se puede debatir si los israelitas tenían razón o no en las guerras que emprendieron, es inexacto decir que no eran más que invasores e intrusos. La historia de los judíos es mucho más complicada que eso.

En cualquier caso, la primera forma de gobierno que los judíos establecieron a su llegada a Canaán fue una confederación de doce tribus vagamente conectadas. La única autoridad central que existía para esta confederación era su creencia monoteísta en Dios, al que llamaban "Yahvé". Las doce tribus estaban conectadas por su fe en Dios y nada más. Celebraban consejos de forma rutinaria entre ellas para resolver problemas, pero en su mayor parte estaban solas y gobernaban las diferentes secciones de Canaán por separado.

Sin embargo, con el paso del tiempo (en este caso alrededor del año 1000 a. C.), surgieron ciertos líderes llamados "jueces", de los que se decía que "juzgaban" a Israel cuando se necesitaban tales dictámenes. Estos jueces eran en realidad líderes locales a los que se les otorgaba el poder de adjudicar y tomar decisiones cuando surgían problemas en la tierra. Los más famosos de estos jueces, que se mencionan en el Libro de los Jueces de la Biblia, fueron "Otonel, Shamgar, Débora, Gedeón, Tola, Jair, Jefté, Ibzan, Abdón, Ehud, Elón y Sansón".

De estos jueces, el público occidental está sin duda más familiarizado con Sansón, conocido por ser el gran guerrero seducido por Dalila. Aunque la historia de este juez parece demasiado irreal para creerla, algunas pruebas arqueológicas recientemente desenterradas, como el llamado "sello de Sansón", parecen apoyar la afirmación de que Sansón existió realmente.

Esta confederación de tribus administradas por jueces duró varios años antes de que el último juez, el profeta Samuel, recibiera el encargo de Dios de encontrar un hombre que fuera rey de todo el pueblo de Israel. Se decidió que Israel necesitaba un rey para defenderse de los repetidos ataques de las naciones vecinas. En particular, un grupo de pueblos semitas llamados filisteos había demostrado ser un enemigo formidable para los israelitas, ya que lanzaban repetidamente incursiones devastadoras en el territorio judío.

Para hacer frente a los filisteos, se creía que era necesaria una figura de autoridad central que uniera a las tribus. Samuel eligió a un hombre llamado Saúl para que cumpliera esta función. El rey Saúl, el primer rey de Israel, resultaría ser un hombre conflictivo y problemático. Al principio, era bastante bueno en la batalla con los filisteos, pero también parece que estaba bastante desequilibrado mentalmente. Saúl tenía a menudo episodios de depresión, ira irracional y una grave falta de juicio.

Estas cosas llevaron al último juez vivo, Samuel, a arrepentirse de su elección. Samuel encontró entonces un nuevo líder potencial para Israel en la forma de un niño pastor llamado David. El joven se convirtió en un heroico luchador por Israel. En las escrituras, David es famoso por haber "matado al gigante" llamado Goliat en una batalla contra los filisteos.

Al principio, Saúl se alegró de que David luchara por Israel, pero no pasó mucho tiempo hasta que Saúl se pusiera celoso de la creciente popularidad del guerrero. Esto hizo que David fuera expulsado de la corte de Saúl. Sin embargo, aunque David estaba en el exilio, seguía siendo tan popular como cuando era miembro del séquito de Saúl. Pronto, David logró establecer un gran número de seguidores que estaban dispuestos a luchar y morir por su amado líder. Saúl intentó utilizar su ejército para dar caza a David, pero la banda de guerrilleros de David siguió eludiéndolo.

Mientras tanto, Saúl dirigió una gran batalla contra los filisteos, que terminó con su derrota. Los hijos de Saúl murieron, y el propio Saúl quedó gravemente herido después de esta batalla, con el enemigo acercándose. Antes de ser capturado, Saúl se suicidó. Esto hizo que David —que nunca dejó de ser popular entre la gente común de la tierra— se convirtiera en el rey de la porción sur de Israel, conocida como Judea o Judá. Pronto conseguiría también el consentimiento de las tribus del norte, lo que le convertiría en el rey de todo Israel.

Como todo reino que se precie necesita una capital, David eligió un lugar centralizado en Judea para la suya, a la que llamó "ciudad de la paz". La palabra hebrea para paz es "shalom". Esto habría hecho que el nombre de su capital fuera Jeru-Shalom, y se puede ver una similitud entre este nombre y lo que la ciudad se llamaría un día:

Jerusalén. Sin embargo, para facilitar la lectura, a partir de ahora la ciudad se llamará Jerusalén.

Como rey de un Israel unificado, David demostró ser un rey formidable. Poco después de tomar las riendas, todos los antagonistas circundantes cayeron en cuenta. Los filisteos, moabitas, amonitas, edomitas y amalecitas temían el poder del rey David.

Los académicos han pensado durante mucho tiempo que la Biblia era la única fuente que mencionaba al rey David. Sin embargo, un artefacto conocido como la estela de Tel Dan, que se descubrió en 1993 en Damasco, Siria, cambió radicalmente esa opinión. La estela de Tel Dan data de alrededor del año 1000 a. C., y lleva inscritas en hebreo las palabras "Casa de David". Esto parece indicar que el rey bíblico David ciertamente existió.

A David le sucedió su hijo, Salomón, quien, hacia el año 966 a. C., construyó el primer templo judío. El templo judío estaba destinado a ser el punto central de la religión judía. En él se realizaban los sacrificios de animales a Dios, y el templo era también el centro de la vida religiosa.

Sin embargo, Salomón tenía muchas esposas, y muchas de ellas procedían de países extranjeros, donde reinaban religiones extranjeras. Presionado por sus esposas, Salomón comenzó a construir santuarios y altares a deidades extranjeras en los mismos terrenos del templo. Esto fue visto como un ultraje por muchos. Además, los grandes proyectos de construcción de Salomón en Jerusalén habían causado graves impuestos, lo que provocó aún más malestar. Cuando Salomón fue sucedido por su hijo Roboam, Israel había entrado en una guerra civil abierta, con la sección norte del país separándose para hacer la guerra al sur. Uno de los antiguos funcionarios de la corte de Salomón, un hombre llamado Jeroboam, lideró el ataque y fue nombrado gobernante de las diez tribus del norte de Israel, mientras que el hijo de Salomón, Roboam, que gobernaba desde Jerusalén, luchaba por mantener lo que quedaba de su reino en el sur.

El reino del norte era conocido en realidad como "Israel", y mantendría este título hasta que los dos reinos se reunieran finalmente. El reino del norte duraría unos 200 años más antes de ser aniquilado por los asirios alrededor del año 721 a. C. El último gobernante del norte fue un monarca llamado Oseas, que gobernó desde la capital del norte, Samaria. Durante el reinado de Oseas, Israel (de nuevo, nos referimos al norte de Israel) no era más que un estado vasallo de los asirios.

Cuando Oseas intentó desafiar a los asirios y no pagar tributo, el gran rey asirio Sargón II ordenó su destrucción. Esto hizo que todo el ejército asirio cayera sobre el reino de Oseas, destruyendo por completo el reino del norte. El reino del sur de Judea, mientras tanto, continuaría, siendo gobernado por una serie de monarcas de la línea de David, hasta alrededor del año 587 a. C., cuando la conquista babilónica, seguida del cautiverio babilónico, terminó con la monarquía.

En muchos sentidos, la derrota del reino del norte de Israel fue mucho más devastadora para los judíos que la captura del reino del sur. Cuando los asirios irrumpieron en el norte de Israel, destruyeron prácticamente todo a su paso y deportaron a la mayor parte de la población. Los supervivientes fueron exiliados, asesinados o se mezclaron en el olvido hasta que las diez tribus del norte de Israel dejaron de existir, pasando a ser conocidas como las "diez tribus perdidas de Israel". Esto dejó solo a las dos tribus de Judea. Estas dos tribus fueron derrotadas por los babilonios en el año 587 a. C., pero aunque fueron derribadas, no fueron eliminadas. Seguirían ganándose la vida a duras penas en lo que se conocería como el "cautiverio babilónico".

Capítulo 3 - De Babilonia a la abominación de la desolación

"Estaba Eleazar, uno de los principales maestros de la ley, un hombre de gran edad y porte distinguido. Se le obligaba a abrir la boca y a comer carne de cerdo, pero prefiriendo una muerte honrosa a una vida impura, la escupió y se sometió voluntariamente a los azotes, como deben actuar los hombres que tienen el valor de negarse a comer alimentos prohibidos incluso por amor a la vida. Para que se conociera, los funcionarios encargados de esta fiesta sacrílega hablaron con Eleazar en privado; le instaron a que llevara la carne que le estaba permitido comer y que él mismo había preparado, y que solo fingiera estar comiendo la carne del sacrificio como el rey había ordenado. De este modo, se libraría de la muerte y se aprovecharía de la clemencia que merecía su larga amistad. Pero Eleazar tomó una decisión honorable, digna de sus años y de la autoridad de la vejez, digna de las canas que había alcanzado y que llevaba con tanta distinción, digna de su perfecta conducta desde la infancia, pero sobre todo, digna de la ley santa y dada por Dios. Así que respondió de inmediato: 'Envíame pronto a la tumba'".

—2º Macabeos 6: 18-24

La conquista inicial de los babilonios fue absolutamente devastadora, ya que provocó una pérdida masiva de vidas y la destrucción del Templo de Salomón. Pero inmediatamente después, los babilonios demostraron ser conquistadores mucho más misericordiosos que los asirios. Los babilonios no solo permitieron que la cultura judía sobreviviera, sino que la animaron a florecer. En lugar de olvidar quiénes eran, los judíos conservaron toda su historia. Los judíos de la antigua Judea eran conocidos como judaicos, y fue el término "judaico" el que finalmente se simplificó a "judío".

Durante unos setenta años, los judíos vivieron y trabajaron en la tierra extranjera de Babilonia, y a muchos de ellos les fue bastante bien. Crearon sus propios negocios y se dedicaron al comercio. Los eruditos judíos también se involucraron fuertemente en la intelectualidad, prestando servicio a las grandes bibliotecas de Babilonia e incluso sirviendo como miembros de la corte real. La cultura de los judíos no desapareció, ya que las comunidades judías en Babilonia prosperaron plenamente.

Pero, lo quisieran o no, el cautiverio en Babilonia acabaría llegando a su fin. El gobernante de Babilonia estaba a punto de ser superado por su propia némesis personal, el gobernante de la vecina Persia: Ciro el Grande. El rey Ciro envió sus tropas a tomar Babilonia en el año 536 a. C., poniendo fin a la hegemonía babilónica en la región. Pero la fortuna siguió sonriendo a los judíos porque Ciro demostró ser un gobernante aún más benévolo que los babilonios.

Ciro no solo toleró la religión y la cultura judías, sino que permitió a los judíos regresar a Judea. Una vez que el pueblo judío regresó a Jerusalén, los trabajos para reconstruir el templo en ruinas comenzaron casi inmediatamente. El segundo templo se terminaría finalmente en el año 515 a. C. Esto dio inicio a un período de refinamiento religioso para los judíos de Jerusalén, en el que se reafirmaron sus textos y prácticas religiosas.

Este período de reforma judía bajo la hegemonía persa llegó a su fin alrededor del año 334 a. C., cuando un griego macedonio conocido como Alejandro Magno envió sus ejércitos a conquistar las posesiones del Imperio persa. Alejandro logró derrotar al emperador persa Darío III y, a partir de los restos de los persas depuestos, Alejandro creó su propio imperio en expansión, que se extendía hasta el este de la India y hasta el sur de Egipto. Israel ya no estaba bajo el dominio de los persas; ahora estaba bajo el control de Alejandro.

Alejandro no solo conquistó naciones, sino que también fundó grandes ciudades, la más famosa de las cuales llevaba su nombre: la metrópoli egipcia de Alejandría. La ciudad de Alejandría se convertiría en una ciudad importante, no solo para los griegos, sino también para los judíos. Desde los días del cautiverio en Babilonia, gran parte de la vida judía había pasado del sector agrícola a una vida más mercantil, que se centraba en los puertos de las grandes ciudades. Por ello, para muchos, Alejandría se convirtió en el lugar perfecto para establecerse.

Pero el atractivo de Alejandría no eran solo los negocios. Alejandría contaba con la Gran Biblioteca, que convirtió a la ciudad en un lugar de aprendizaje y atrajo a decenas de pensadores judíos a sus grandes salas para perfeccionar sus filosofías. Al principio, Alejandría también propugnaba una sociedad bastante justa, con tolerancia hacia los diferentes pueblos y modos de pensamiento. Alejandría pronto se convirtió en uno de los mayores focos de la vida judía, solo superada por la propia Jerusalén.

El gobierno de Alejandro Magno sería breve, ya que enfermó repentinamente y murió a los treinta y dos años. Antes de fallecer, tuvo la claridad mental de dividir su imperio entre sus generales para que pudieran gobernar mejor la inmensidad de la tierra que había conquistado. En lo que respecta a Israel, su control recayó en el general Ptolomeo, que controlaría las tierras de lo que hoy constituye Israel, así como la mayor parte de Siria, Fenicia y Egipto.

Después de Ptolomeo vinieron muchas generaciones de gobernantes dinásticos, uno de los cuales fue un dictador llamado Antíoco Epífanes. Llegó a gobernar sobre Israel alrededor del año 175 a. C. Según la mayoría de los relatos, Antíoco fue un gobernante despiadado, y sus transgresiones quedaron plasmadas con mayor fuerza en los libros judíos de los Macabeos.

Antíoco deseaba "helenizar" a los judíos. En otras palabras, quería que se asimilaran más efectivamente a la cultura griega. La mayoría de las naciones que conquistaron a los judíos permitieron un proceso de asimilación gradual. Antíoco, sin embargo, quería una asimilación inmediata. Esto significaba que intentó forzar a los judíos a cambiar sus prácticas y hábitos religiosos. Como se documenta en los Libros de los Macabeos, Antíoco trató de animar a los judíos a participar en deportes griegos de estilo olímpico. Aunque suene ridículo, también intentó obligar a los judíos a comer cerdo.

Había una parte considerable de los llamados "judíos helenizados" —en otras palabras, judíos que adoptaron fácilmente la cultura griega— que discutían con sus compatriotas sobre las ventajas de hacerse más agradables a los griegos. El Primer Libro de los Macabeos, que fue escrito por una facción de Judea que estaba totalmente en contra de la helenización, no estaba, como se puede imaginar, muy dispuesto para este grupo.

En el Primer Libro de los Macabeos, un escritor lo describe de la siguiente manera. "En aquel tiempo apareció en Israel un grupo de judíos renegados, que incitaron al pueblo. Dijeron: 'Hagamos un pacto con los gentiles de alrededor, porque nos ha sobrevenido un desastre tras otro desde que nos separamos de ellos'". El escritor del Primer Libro de los Macabeos demuestra el dilema social que enfrentaba a los dos bandos de la sociedad judía de su época.

Había quienes consideraban que debían amoldarse más fácilmente a la sociedad griega, mientras que otros, más conservadores, deseaban ser un pueblo apartado, un pueblo que continuara con sus tradiciones como antes. Antíoco era consciente de esta lucha, y apoyó a los judíos helenizados más liberales, ya que deseaba expulsar del todo al ala más conservadora de Judea.

Finalmente, Antíoco reunió un ejército y marchó sobre Jerusalén, irrumpiendo en el centro mismo de las creencias judías —el templo— en el año 169 a. C. Saqueó despiadadamente el templo de todos sus objetos de valor. Según el Primer Libro de los Macabeos, Antíoco se llevó "el altar de oro, el candelabro para la luz y todos sus utensilios. También se llevó la mesa para el pan de la Presencia, las copas para las ofrendas de bebida, las copas, los incensarios de oro, la cortina, las coronas y la decoración de oro de la fachada del templo; lo despojó todo. Se llevó la plata y el oro, y los vasos costosos; se llevó también los tesoros escondidos que encontró. Tomándolo todo, se fue a su tierra".

Este acto descarado provocó, comprensiblemente, un gran malestar en Judea, y estallaron disturbios contra el dominio griego. Las fuerzas de Antíoco volvieron entonces, y se produjo una gran matanza. El ejército de Antíoco instaló una formidable ciudadela amurallada en medio de Jerusalén, donde podía vigilar y ejercer directamente su voluntad sobre la población. Según el Primer Libro de los Macabeos, fue poco después de esto Antíoco emitió un "decreto" en el que dejaba claras sus intenciones. "El rey emitió entonces un decreto en todo su imperio: sus súbditos debían convertirse en un solo pueblo y abandonar sus propias leyes y religión".

Con este decreto, Antíoco había lanzado un ataque directo a la identidad judía. Algunos de los judíos helenizados acataron el decreto y esencialmente abandonaron las antiguas costumbres de su religión para abrazar la cultura y las prácticas religiosas griegas. Esto significaba que ya no seguían las antiguas prácticas judías, como la circuncisión (una práctica que los griegos despreciaban por completo), y comenzaron a hacer abiertamente sacrificios a los dioses griegos. Para sorpresa de los judíos ortodoxos, incluso se instalaron altares paganos en el templo judío.

Obviamente, esto era algo que los judíos conservadores no podían tolerar. Según el Primer Libro de los Macabeos, Antíoco incluso nombró "superintendentes" especiales que estaban a cargo "de todo el pueblo" y que "instruyeron a los pueblos de Judea a ofrecer sacrificios". Esto culminaría en la infame "abominación de la desolación", que tuvo lugar en el templo. Para horror de los judíos ortodoxos, se sacrificó un cerdo en el altar como sacrificio a dioses paganos allí mismo, en el Santo de los Santos. Esto fue realmente una "abominación" de "desolación" para aquellos que lo presenciaron.

Unos 160 años más tarde, Jesús haría referencia a este acontecimiento en lo que parece ser una advertencia de una posible repetición en el futuro. En Mateo 24: 15-18, Jesús advierte: "Cuando veáis la abominación de la desolación, de la que habló el profeta Daniel, estar en el lugar santo. Entonces los que estén en Judea huyan a los montes".

El Primer Libro de los Macabeos continúa relatando que, a pesar de los desafíos que enfrentaban los judíos, se formó una fuerte resistencia contra esta abominación. Fue liderada por un sacerdote judío llamado Matatías Hasmón. Matatías era solo un sacerdote común, pero se vería empujado al papel de líder revolucionario cuando uno de los "superintendentes" enviados por Antíoco intentó obligarle a ofrecer un sacrificio a la deidad griega Zeus. Matatías se negó, pero un judío más servicial se adelantó e hizo lo que se le ordenó.

Indignado, Matatías golpeó y mató tanto al "judío helenizado" como a su supervisor griego. Este acontecimiento lanzó una rebelión contra los griegos, con Matatías gritando a todos los que le escuchaban: "¡Seguidme! Todo aquel que sea celoso de la ley y se esfuerce por mantener el pacto". Y lo hicieron. La escritura nos dice que Matatías y todos los que le seguían huyeron a las montañas, tal y como Jesús describiría más tarde al referirse al evento.

En su fortaleza de la montaña, los que se atrevieron a desafiar a los griegos pusieron resistencia. El siguiente acontecimiento importante que ocurrió durante este enfrentamiento fue cuando el propio Matatías falleció en el año 166 a. C. A Matatías le sucedió en el liderazgo su hijo Judas Macabeo, que traducido a grandes rasgos significa "el Martillo". Se le llamó así debido a su feroz determinación para sacudirse a sus enemigos. Judas estaba ciertamente dispuesto a dar el golpe de gracia a los griegos.

A menudo descrito como un "genio militar", Judas fue capaz de tomar lo que parecía una derrota segura contra una fuerza mayor y convertirla en una victoria. Judas Macabeo fue capaz de retomar Jerusalén. Sin embargo, al entrar en el templo, él y sus hombres se horrorizaron al verlo "profanado" con estatuas paganas y ofrendas quemadas. Inmediatamente se ocuparon de la tarea de limpiar los terrenos del templo y de intentar arreglar las cosas. Mientras lo hacían, intentaron volver a encender las velas de la menorá.

Al principio, parecía que solo había suficiente aceite para encender la lámpara durante un día, pero de alguna manera —casi como un milagro— el aceite duró ocho días. Esta hazaña sería conmemorada para siempre en la fiesta judía de Hannukah, en la que se enciende una vela de la menorá de nueve brazos por cada uno de esos ocho días, siendo la novena una vela auxiliar que se utiliza para encender las otras mechas. Tras liberarse del dominio griego, los judíos se aliaron con otra nueva potencia: la República Romana.

Aunque el poderoso imperio que Roma construiría aún no había llegado a buen puerto en esta época, la República Romana seguía siendo una potencia a tener en cuenta por derecho propio. Y al igual que los griegos comenzaron a debilitarse, los romanos se hicieron más fuertes. Por ello, los judíos esperaban forjar una amistad con los romanos para mantener a raya a los griegos y a cualquier otro posible enemigo.

Este tratado de amistad está claramente documentado en el Primer Libro de los Macabeos. Según los Macabeos, un representante de Judas llamado Eupolemo viajó a Roma y habló ante el Senado romano antes de que se hiciera el acuerdo. Eupolemo trajo de vuelta una tablilla de bronce con los términos del tratado. El tratado decía lo siguiente:

> Éxito para los romanos y la nación judía por mar y tierra para siempre. ¡Que la espada y el enemigo estén lejos de ellos! Pero si la guerra estalla primero contra Roma o cualquiera de sus aliados en todo su dominio, entonces la nación judía los apoyará de todo corazón según lo requiera la ocasión. A los enemigos de Roma o de sus aliados, los judíos no darán ni suministrarán provisiones, armas, dinero o barcos; así lo ha decidido Roma; y cumplirán sus compromisos, sin compensación. Del mismo modo, si la guerra estalla primero contra la nación judía, entonces los romanos les darán un apoyo sincero según la ocasión. A sus enemigos no se les dará ni provisiones, ni armas, ni dinero, ni barcos; así lo ha decidido Roma. Estos compromisos se cumplirán sin faltar a la fe. Estos son los términos del acuerdo que los romanos han hecho con el pueblo judío. Pero si, en lo sucesivo, ambas partes acuerdan añadir o rescindir algo, entonces harán lo que decidan; cualquier adición o rescisión será válida.

Los judíos entraron en un acuerdo con los romanos pensando que ganarían un poderoso aliado que les ayudaría a enfrentarse a sus enemigos. Pero a su debido tiempo, descubrirían que habían entrado en un trato fáustico. Al principio, la nación judía era poco más que un protectorado de Roma, aunque finalmente se convirtió en un estado vasallo del Imperio romano.

Quizá solo por esta razón los libros de los Macabeos fueron excluidos posteriormente de la Biblia hebrea. Por muy importante que fuera la historia de Judas Macabeo, la "abominación de la desolación" y el milagro de Hannukah, la flagrante promesa de lealtad eterna a los romanos, tal y como se presenta en el Primer Libro de los Macabeos, debió de resultar demasiado molesta para los compiladores posteriores. En los años siguientes, Roma se convirtió en el enemigo mortal de los judíos, ya que los romanos destruyeron su templo y los expulsaron de su patria. Por lo tanto, los Libros de los Macabeos y sus alabanzas a los romanos podrían haber sido demasiado para soportar. Es muy probable que por esta razón los Macabeos fueran finalmente excluidos de la Biblia hebrea. (Hay ocho libros de los Macabeos en total, pero solo los dos primeros hablan de la historia de este periodo, y ambos ofrecen relatos similares, pero ligeramente diferentes).

La dinastía asmonea, establecida por primera vez por Matatías Hasmón, fue el último aliento de independencia del antiguo Israel. La dinastía asmonea duró unos ochenta años antes de ser completamente absorbida por su antiguo aliado, Roma. En el año 63 a. C., los romanos se aprovecharon de la corrupción generalizada y de las luchas internas que habían surgido en el reino asmoneo, lo que les permitió poner el pulgar en la balanza de la historia de Israel y apoderarse de la tierra para sí mismos.

Capítulo 4 - Los inicios del dominio romano

"A veces la verdad brilla tanto que la percibimos tan clara como el día. Luego, nuestra naturaleza y nuestra costumbre corren un velo sobre nuestra percepción, y volvemos a una oscuridad casi tan densa como antes. Somos como aquellos que, a pesar de contemplar frecuentes relámpagos, siguen encontrándose en la más densa oscuridad de la noche".

—Moisés Maimónides

En el año 63 a. C., el general romano Cneo Pompeyo Magno, más conocido simplemente como Pompeyo, sitió la ciudad de Jerusalén. En ese momento, Pompeyo formaba parte del famoso Triunvirato, que era una alianza de tres hombres poderosos, entre los que se encontraba él, el general romano Marco Licinio Craso y el famoso Julio César. Pocos años antes, en torno al año 67 a. C., había fallecido la reina asmonea de Israel, Alejandra. Su muerte marcó el fin de la última gobernante estable de esa dinastía, dando paso a la inestabilidad, y sus posibles herederos lucharon por mantener el control.

Mientras tanto, las legiones romanas se habían adentrado en la cercana Siria en varias campañas militares emprendidas contra los enemigos de Roma en Oriente. Al general Pompeyo se le había encomendado la tarea de acabar con la amenaza que suponían Tigranes II de Armenia y Mitrídates VI del Ponto. Ambas naciones pronto se convertirían en estados clientes de Roma. Después de ser derrotados, no pasó mucho tiempo antes de que Roma comenzara a fijarse en Judea en el sur. Sabían que no les costaría mucho derrocar a la dinastía asmonea, ya que se estaba tambaleando.

Tras la muerte de la reina Alejandra, su hijo, Juan Hircano II, se convirtió en rey, pero el apoyo que tenía entre los ciudadanos de Judea era bastante débil. No era un líder popular, por lo que la fe en él como gobernante era considerablemente baja. También fue desafiado por su hermano menor, Aristóbulo, que sentía que las riendas del poder debían ser suyas. Tanto es así, que lideró una rebelión total contra su hermano, que culminó en una batalla culminante fuera de las murallas de Jericó.

Cuando las fuerzas de Hircano empezaron a flaquear, muchas de sus propias tropas empezaron a cambiar de bando y a unirse a las fuerzas de Aristóbulo. Al final, Hircano se vio obligado a capitular y Aristóbulo se convirtió en rey hacia el año 66 a. C. Sin embargo, no pasó mucho tiempo antes de que Hircano comenzara a conspirar de nuevo por su trono. Se asoció con uno de sus altos funcionarios de la corte, un hombre conocido como Antípatro el idumeo (el mismo Antípatro que engendró al famoso rey Herodes), para encontrar una manera de derrocar a Aristóbulo del trono.

En sus esfuerzos, reclutaron al gobernante local de la región árabe de Nabatene, Aretas III, para que levantara un ejército contra Aristóbulo con la promesa de Hircano de restaurar el territorio que los anteriores miembros de la dinastía asmonea habían tomado. Aretas III, fiel a su palabra, levantó un ejército de unos 50.000 soldados, que fue enviado a marchar sobre Jerusalén. El primer enfrentamiento fue una derrota decisiva de Aristóbulo, quien acabó teniendo que refugiarse en la ciudad mientras sus enemigos rodeaban las puertas.

Mientras todo esto ocurría, el general Pompeyo hacía campaña en la cercana Siria. Al enterarse de estos acontecimientos en Judea, envió a su general, Marco Emilio Escauro, a ver qué pasaba. Curiosamente, en cuanto Escauro y sus tropas llegaron al escenario de esta guerra civil fratricida, emisarios de los dos aspirantes a reyes judíos se pusieron en contacto con él e imploraron la ayuda de los romanos. Escauro decidió poner el pulgar en la balanza a favor de Aristóbulo.

Se han ofrecido varias razones para esta decisión. El historiador romano-judío Tito Flavio Josefo sugirió más tarde que Escauro fue simplemente sobornado y pagado por Aristóbulo para que hiciera su voluntad. Pero otros han señalado que probablemente fue lo más estratégico para Escauro, ya que habría sido más fácil para él y su ejército expulsar a las fuerzas invasoras alineadas con Hircano que lanzar un largo asedio a Jerusalén. También es probable que Escauro pensara que esta era la maniobra más sensata desde el punto de vista político, ya que Aristóbulo estaba sentado como monarca en Jerusalén. Habría sido mucho más agradable para él informar al general Pompeyo de que ayudó a asegurar al actual líder de Judea en lugar de tener que admitir que se unió a un levantamiento y derrocó al rey en funciones.

En cualquier caso, debido a la amarga guerra civil que asolaba Judea, comenzó la intervención directa de los romanos en el extranjero. Una vez que Escauro eligió un bando, el poder de Roma fue suficiente para convencer a los ejércitos de Hircano y Aretas de que abandonaran la lucha, y se retiraron a la ciudad siria de Damasco. En Siria, Juan Hircano II y su equipo entrarían en contacto con Pompeyo hacia el año 64 a. C.

Por increíble que parezca, Hircano II fue capaz de invertir su suerte y ganarse la simpatía de Pompeyo. En un tremendo revés, el general Pompeyo decidió ponerse del lado de Hircano después de todo. El razonamiento de Pompeyo para ponerse del lado de Hircano es tan difícil de descifrar como la decisión inicial de su subordinado Escauro de ponerse del lado de Aristóbulo. Pero un factor que parece haber movido a Pompeyo a ponerse en contra de Aristóbulo fue el hecho de que había informes de que Aristóbulo había estado permitiendo la piratería en la zona. Dado que parte de la misión del general Pompeyo había sido acabar con la piratería en la región mediterránea, podría haber tenido sentido deshacerse de una de las principales fuentes de piratería: Aristóbulo. En cualquier caso, Pompeyo envió sus tropas a Jerusalén, y Aristóbulo, dándose cuenta de que acababa de ser derrotado en su propio juego, intentó rendirse a los romanos. Pero aunque Aristóbulo estaba dispuesto a tirar la toalla, sus seguidores no lo estaban.

Indignados ante la idea de que los romanos marcharan sobre Jerusalén, los partidarios de Aristóbulo cerraron de golpe las puertas y obligaron a los romanos a sitiar la ciudad. Los romanos, aunque con cierto esfuerzo, lograron romper el cerco, matando a unos 12.000 judíos en el proceso. Aristóbulo fue llevado cautivo y en su lugar se instaló Hircano. Pero en lugar de devolver a Hircano II su poder como rey, los romanos lo nombraron sumo sacerdote de Jerusalén. Esto lo convirtió en poco más que una figura decorativa; en otras palabras, los romanos estaban ahora gobernando efectivamente Judea.

El mérito de Pompeyo es que se abstuvo de saquear la ciudad, dejó el templo sin molestar y aseguró al sacerdocio que los romanos no interferirían en la religión judía. Sin embargo, a partir de ese momento, Judea fue considerada una extensión de la provincia romana de Siria, y como tal, se esperaba que pagara un tributo anual a Roma.

Mientras tanto, la religión judía se había dividido decididamente entre los judíos más helenizados y los judíos más conservadores. La rama liberal del judaísmo era conocida como los saduceos, y el ala más conservadora, basada en la ley, era conocida como los fariseos. Esta marcada división ideológica no haría más que crecer bajo la inestabilidad del gobierno de Hircano.

Aunque estaban fijados bajo el ala de Roma, los judíos seguían desempeñando, en ocasiones, un papel vital en la región. Cuando el triunvirato entre Julio César, Craso y Pompeyo se rompió (Craso murió en el 53 a. C., tras lo cual Pompeyo desafió directamente a César), Hircano se puso del lado de César después de que este derrotara a Pompeyo. El socio de Hircano, Antípatro, se congració aún más con César enviándole 3.000 soldados de a pie durante una de sus campañas en Alejandría.

Antípatro de Idumea fue debidamente recompensado por César. Se le concedió la ciudadanía romana y un lugar especial en el corazón de César. Esta distinción no hizo más que aumentar cuando César decidió nombrarlo "primer procurador romano de Judea". Esto convirtió a Antípatro en un administrador civil de alto rango, similar a un gobernador, al menos a los ojos de Roma. Esta buena posición también se transmitió al hijo de Antípatro, Herodes, ya que este fue nombrado gobernador de la región de Galilea en el año 47 a. C. Julio César sería asesinado unos años más tarde, en el 44 a. C., y poco después la República Romana se convertiría en el Imperio romano.

En el año 40 a. C., surgió un nuevo aspirante al trono cuando Antígono —el hijo del depuesto Aristóbulo— trató de recuperar el trono de su padre. Antígono tuvo bastante éxito a la hora de aprovechar el malestar popular por los impuestos romanos y la manipulación de las intrigas extranjeras. Estos fueron los dos factores que utilizó para confabular su camino hacia el trono de Judea.

El mayor enemigo de los romanos en ese momento, los partos, enviaron a Antígono 500 tropas, que utilizó para destituir a Hircano e instalarse como rey. Esto llevó a Herodes a huir a Roma, donde consiguió el apoyo del líder romano Marco Antonio. Herodes regresó entonces a Judea en el 39 a. C. y emprendió una guerra contra Antígono.

En el 38 a. C., Galilea volvía a estar bajo el control de Herodes, y desde allí avanzó hacia la propia Jerusalén. Con la ayuda de los romanos, Herodes tomó Jerusalén, y el depuesto Antígono fue enviado a Roma encadenado, donde finalmente fue ejecutado. Herodes fue instalado como un potentado amigable con los romanos que sería conocido como "Herodes el Grande". Sin embargo, como pronto descubrirá, no todo el mundo pensaba en él de esa manera.

Capítulo 5 - Un judío de Galilea

"Dios hizo todo lo necesario para llamar la atención de Herodes. Envió mensajeros de Oriente y un mensaje de la Torá. Envió maravillas del cielo y palabras de las escrituras. Envió el testimonio de los cielos y la enseñanza de los profetas. Pero Herodes se negó a escuchar. Eligió su insignificante dinastía antes que a Cristo. Murió como un viejo miserable".

—Max Lucado

El rey Herodes fue, sin duda, uno de los reyes más odiados que tuvo Israel. Fue visto como un títere de los romanos desde el principio, y siempre hubo complots internos cocinándose léntamente contra él justo debajo de la superficie. Pero a pesar de lo impopular que pudo ser Herodes en el frente interno, en muchos sentidos, la historia lo registra como un líder astuto y práctico que logró bastante.

Después de todo, fue Herodes quien restauró el orden en Israel, reforzó las defensas del país y vigorizó la economía estableciendo un sólido mercado comercial con los vecinos de Israel. Herodes también logró mantenerse en la cuerda floja para mantener a Roma contenta y al mismo tiempo asegurarse de que el pueblo judío tuviera suficiente libertad para practicar su estilo de vida y su religión dentro de su propia patria.

A Herodes también se le atribuye la importante remodelación del Templo judío, aunque estos esfuerzos se vieron ensombrecidos en la mente de muchos porque decidió enarbolar un estandarte romano desde las puertas del templo, un incidente que provocó una revuelta entre los judíos, a quienes las tropas romanas tuvieron que someter. Así, el legado de Herodes es, en el mejor de los casos, mixto, pero los peores atributos que se le atribuyen generalmente son las afirmaciones de despotismo brutal.

Herodes era conocido por acabar rápidamente con sus supuestos enemigos políticos en Israel. Y si hay que creer en las escrituras del Nuevo Testamento de la Santa Biblia, llegó incluso a acabar con ellos antes de que tuvieran la oportunidad de crecer. Después de todo, Herodes desempeña un papel central en la historia de la Natividad que narra el nacimiento de Jesucristo. Según las Escrituras, Herodes recibió la visita de tres "reyes magos" de Oriente —muy probablemente persas— que le informaron de que habían tenido una visión de que acababa de nacer un nuevo rey.

Durante esta época de opresión a manos de los romanos, se había hablado mucho en Judea de la llegada de un rey mesiánico que podría liberarlos de sus opresores. El astuto Herodes fingió estar encantado con la noticia, pero en realidad, bullía de celos y de ira bajo la superficie. Él era el rey, y no quería que nadie más se levantara y lo depusiera. Sin embargo, para guardar las apariencias, fingió que se alegraba de que se cumpliera la supuesta profecía, aunque en el fondo no estaba muy emocionado.

Según las escrituras, Herodes consultó entonces con sus "jefes de los sacerdotes" y les preguntó: "¿Dónde va a nacer el Mesías?". Los sacerdotes indicaron que los profetas habían predicho que un gran líder nacería en Belén. Con esta información profética, Herodes volvió a los tres magos y les informó de que el nacimiento del rey que habían previsto tendría lugar en Belén. Herodes les dijo: "Vayan y busquen cuidadosamente al niño. Cuando lo hayan encontrado, infórmenme, para que yo mismo vaya a rendirle homenaje".

Pero aunque Herodes fingía querer rendir homenaje al niño rey, en realidad quería acabar con la vida del niño. La Escritura relata entonces cómo los tres reyes magos fueron a Belén tal y como estaba previsto. Según la escritura, el medio por el que localizaron el hogar que albergaba al niño Jesús fue siguiendo la "Estrella de Belén". Sin embargo, una lectura casual del pasaje permite saber que no se trataba de una estrella cualquiera, ya que esta estrella se movía por los cielos nocturnos y parecía cernirse justo sobre el hogar en el que dormía el niño.

Las gigantescas bolas de fisión nuclear que flotan en el espacio exterior —más conocidas como estrellas— no son ciertamente capaces de entrar en la atmósfera de la Tierra y cernirse sobre nuestros hogares. Nuestro propio sol es una estrella de tamaño medio, y es 1.287.000 veces mayor que la Tierra. Como cualquier otra estrella, el sol también es muy caliente. La Tierra se incineraría si se acercara a una estrella. Además, cualquier estrella sería tremendamente más grande que nuestro propio planeta, lo que hace imposible la idea de que una estrella ingrese en nuestra atmósfera.

Esto ha llevado a muchos escépticos modernos a descartar la historia. Sin embargo, solo porque no pudo haber sido realmente una estrella en el sentido astronómico, todavía podría haber sido alguna otra forma de fenómeno extraordinario que los tres sabios simplemente pensaron que era una estrella. Algunos creen que podría haber sido la conjunción de Júpiter y Saturno, un cometa o una supernova. También hay que tener en cuenta que los antiguos cronistas de estos sucesos se limitaron a describir lo que vieron en los términos que se entendían en su época. Los meteoros, después de todo, han sido llamados durante mucho tiempo "estrellas fugaces", aunque obviamente hoy en día nos damos cuenta de que no son estrellas.

Y para los creyentes, si Dios estaba realmente detrás de este acontecimiento milagroso, podría haber sido cualquier número de fenómenos milagrosos lo que se utilizó para guiar a los magos esa noche. El relato de la estrella de Belén, como gran parte del resto de las Escrituras, está abierto a la interpretación, y es decisión del lector creerlo o no.

Dicho esto, según el relato bíblico, la estrella de Belén condujo a los tres reyes magos hasta el niño Jesús, y los tres magos concedieron todo tipo de regalos maravillosos al niño dormido. Estos tres místicos de Oriente recibieron otra visión. En esta, se les ordenó que no volvieran a Herodes y que partieran en secreto hacia su tierra natal sin ser vistos. Al parecer, recibieron estas instrucciones para evitar que Herodes descubriera la ubicación exacta del niño Jesús.

Las Escrituras nos dicen que cuando Herodes descubrió que había sido engañado por los Reyes Magos, se enfadó bastante. Estaba furioso por haber perdido su oportunidad de matar a un futuro rival en su infancia, e inmediatamente ordenó que todos los niños "de dos años o menos" fueran asesinados en la ciudad de Belén. Los padres de Jesús también recibieron una visión y fueron advertidos de lo que Herodes había planeado. Como resultado, pudieron recoger al niño Jesús y abandonar la ciudad.

Poco después de que Jesús fuera puesto a salvo, el rey Herodes murió, poniendo así fin a la amenaza que suponía. Sin embargo, las fuentes históricas oficiales sitúan la muerte de Herodes en torno al año 1 a. C., aunque algunos creen que murió en el año 4 a. C. o incluso en el 5 a. C. Esto puede resultar un poco confuso, ya que nuestro sistema de datación moderno se creó básicamente en torno al nacimiento de Cristo: tenemos el año a. C, (antes de Cristo) y el AD (Anno Domini, o "en el año de nuestro Señor"). Muchos estudiosos recientes prefieren utilizar los términos a.e.c. (antes de la era común) y e.c. (era común), pero el hecho es que la distinción original se basaba en el nacimiento de Cristo. Independientemente de la terminología utilizada, el hecho es que nuestro calendario histórico depende de este acontecimiento.

Así que, dicho esto, puede ser bastante confuso pensar que Herodes pudo haber muerto en el año 1 a. C., y sin embargo las Escrituras dicen que pereció después del nacimiento de Jesús. ¡Pero aún más confuso es el hecho de que muchos académicos insisten en que Jesús nació en el año 4 a. e. c.! ¿Cristo nació *antes que Cristo*? ¿Cómo puede ser eso? La verdad es que nadie sabe exactamente cuando nació Jesús o cuando murió Herodes. Todo el sistema a. C./AD fue creado por un monje llamado Dionisio Exiguo en 525 e. c. El propio Dionisio no sabía la fecha exacta y simplemente utilizó las mejores estimaciones que tenía a mano. Por el momento, tendremos que dejar que los arqueólogos y los académicos sigan debatiendo este asunto.

En cualquier caso, tras la muerte de Herodes, el emperador romano Augusto permitió que los hijos de Herodes le sucedieran, estableciendo así la llamada dinastía herodiana. Un beneficiario de esta dinastía fue el hijo de Herodes, un hombre llamado Herodes Antipas, a quien se le dio el control de la región de Galilea. Esta era, por supuesto, la misma Galilea en la que se crió Jesús.

Herodes Antipas desempeñó un papel en el tiempo de Cristo en la Tierra. Después de que Jesús fuera arrestado en Jerusalén por orden del sumo sacerdote, fue llevado ante el procurador romano Poncio Pilato. Las Escrituras nos dicen que los acusadores de Cristo se presentaron ante Pilato y se quejaron: "Su enseñanza [la de Jesús] está causando desafección entre el pueblo en toda Judea. Comenzó en Galilea y se ha extendido hasta esta ciudad".

Al mencionar Galilea, los oídos de Pilato se agudizaron. Sabía que esto significaba que Jesús estaba bajo la "jurisdicción" de Herodes Antipas. La Escritura nos dice que Herodes estaba en Jerusalén en ese momento, así que Pilato decidió enviar pro Jesús para que fuera interrogado por él.

Según la Escritura, "Cuando Herodes vio a Jesús, se alegró mucho, porque hacía tiempo que quería verlo. Por lo que había oído de él, esperaba verle hacer algún milagro. Lo acosó con preguntas, pero Jesús no respondió. Los jefes de los sacerdotes y los maestros de la ley estaban de pie, acusándolo con vehemencia. Luego Herodes y sus tropas lo ridiculizaron y se burlaron de él. Vistiéndole con una elegante túnica, lo enviaron de vuelta a Pilato".

Al parecer, Herodes Antipas estaba fascinado por las historias que había oído de Jesús curando leprosos, dando vista a los ciegos y resucitando a la gente de entre los muertos. Herodes, a quien aparentemente no le preocupaban en absoluto las acusaciones que la élite religiosa había formulado contra Jesús, solo estaba emocionado por estar cerca de alguien que tenía una reputación tan extraordinaria.

Pero cuando Jesús permaneció en silencio ante él y se negó a satisfacer su curiosidad, la mística se desvaneció. El interés inicial de Herodes dio paso a la burla y al ridículo. Puso un manto real alrededor de los hombros de Jesús para burlarse de los que llamaban a Jesús rey y lo envió de vuelta a Pilato. Pilato, ahora consciente de que, a pesar de su malicia, Herodes no había encontrado ninguna razón real para condenar a Cristo, insistió en que él tampoco quería condenarlo.

Sin embargo, la autoridad religiosa de Judea se indignó y exigió que se tomaran medidas. Como nos dice la Escritura, fue esta conflagración de eventos la que resultó en que Jesús fuera llevado a la cruz. Ahora bien, como la Biblia es el único documento real que tenemos de muchas de estas cuestiones, uno tiene que decidir si acepta el relato que sigue. Sin embargo, independientemente de lo que uno crea cuando se trata de la Biblia, la mayoría de los eruditos modernos creen que Jesús, de hecho, existió, y muchas religiones abrahámicas, especialmente el islam, tratan a Jesús como una figura importante en sus creencias.

Los cristianos creen que Jesús resucitó de entre los muertos al tercer día después de ser crucificado. Se apareció a sus discípulos, habló, rió e incluso comió con ellos, antes de dar su último sermón y ascender al cielo. Los Hechos de los Apóstoles, también conocidos como el Libro de los Hechos, afirman que "fue elevado, y una nube lo arrebató de su vista". Aquí termina la narración bíblica de Jesús, un judío de Galilea. Y fue a partir de su extraordinaria vida que una nueva secta del judaísmo, que se conocería como el cristianismo, realmente comenzó.

Capítulo 6 - El surgimiento del cristianismo a partir del judaísmo

"Todo hombre debe verse a sí mismo como igualmente equilibrado: mitad bueno y mitad malo. Del mismo modo, debe ver al mundo entero como mitad bueno y mitad malo. Con una sola buena acción, inclinará la balanza para sí mismo, y para el mundo entero, hacia el lado del bien".

—Moisés Maimónides

Este libro trata de la historia judía. Pero no hay que olvidar que la historia cristiana *es* la historia judía. Después de todo, Jesús era judío, sus discípulos eran judíos y la mayoría de sus primeros seguidores eran judíos. Omitir la historia de cómo el cristianismo surgió de la religión judía sería una parodia para la propia historia judía. Al principio, el cristianismo no era más que un pequeño movimiento religioso conocido por la corriente principal del judaísmo como la "secta de los nazarenos", debido a que Jesús procedía de la ciudad de Nazaret, en la región israelí de Galilea.

Después de que Cristo abandonara la escena, los primeros cristianos fueron dirigidos inicialmente por uno de los discípulos originales de Cristo, un hombre llamado Simón Bar-Jonás, a quien el resto del mundo conoce probablemente mejor como Pedro. El nombre de nacimiento de Pedro era Simón, y el nombre de su padre era Jonás. La palabra "Bar" es el término hebreo para "hijo". Así, el nombre "Simón Bar-Jonás" se traduce simplemente como "Simón, hijo de Jonás". Fue Jesús quien dio a Simón Bar-Jonás el nombre de Pedro. En realidad, Jesús llamó a Pedro "Cefas", que es una palabra aramea que significa "roca". Como el Nuevo Testamento cristiano apareció por primera vez en lengua griega, los traductores sustituyeron "Cefas" por la palabra griega "Petros". En traducciones posteriores, el nombre se convertiría en Pedro.

La Biblia cuenta que este apodo surgió en una ocasión en la que Jesús y sus discípulos discutían sobre lo que la gente decía del ministerio de Cristo y cuál era realmente su propósito. Los discípulos charlaban entre ellos sobre cómo algunos decían que Jesús era el regreso de Juan el Bautista, Elías, Jeremías o algún otro profeta poderoso. Entonces Jesús hizo una pregunta abierta a sus seguidores: "¿Quién creéis que soy yo?". Simón Bar-Jonás tomó la palabra y declaró: "Tú eres el Mesías, el hijo de Dios vivo". Jesús se alegró de las palabras de Simón y le dijo que, por ahora, sería "Cefas" o "Petros", según la traducción, la roca sobre la que construiría su iglesia.

He aquí los versículos de la Escritura en los que se desarrolla todo esto:

Cuando Jesús llegó a las costas de Cesarea de Filipo, preguntó a sus discípulos, diciendo: "¿Quién dicen los hombres que soy yo el hijo del hombre?". Y ellos respondieron: "Unos dicen que eres Juan el Bautista; otros,

Elías; y otros, Jeremías, o uno de los profetas". Él [Jesús] les dijo: "Pero, ¿quién decís que soy yo?". Respondiendo Simón Pedro, dijo: "Tú eres el Cristo, el hijo de Dios vivo". Respondió Jesús y le dijo: "¡Bendito seas, Simón Bar-Jonás! Porque no te lo ha revelado la carne ni la sangre, sino mi Padre que está en los cielos. Y también te digo que tú eres Pedro [la roca], y sobre esta roca edificaré mi iglesia; y las puertas del infierno no prevalecerán contra ella".

—Mateo 16:13-19

La escritura que nombra a Pedro como la "roca" sobre la que se edificaría la iglesia es muy importante para la Iglesia católica en particular, ya que llegarían a considerar al apóstol Pedro nada menos que como el primer papa. Los méritos de tal noción son, por supuesto, muy discutibles, pero se deriva del hecho de que se dice que Pedro viajó a Roma y estableció una iglesia justo antes de ser arrestado por los romanos y ejecutado.

Si esta historia es cierta, otra ironía es la narración histórica de que la Basílica de San Pedro fue literalmente construida sobre los huesos de Pedro, cumpliendo así la profecía de las palabras de Jesús, "sobre esta roca edificaré mi iglesia". Tan recientemente como en 2019, el Vaticano ha afirmado su creencia de que efectivamente están en posesión de los restos finales de San Pedro. Pero, de nuevo, estas cosas siguen siendo objeto de debate.

En lo que se refiere a las Escrituras, la narración bíblica nos dice que, aunque Jesús le había conferido cosas tan grandes a Pedro, terminó fallando miserablemente en múltiples ocasiones. Esto no es de ninguna manera un medio para menospreciar a Pedro; es simplemente una verdad bíblica aceptada e incluso celebrada. Una de las razones por las que la gente tiende a amar y a identificarse tanto con Pedro es por su fragilidad humana y sus fracasos.

La Escritura nos dice que, aunque Jesús le encargó que dirigiera la iglesia, poco después de que Jesús fuera arrestado, un Pedro muy asustado y alarmado trató de distanciarse de Jesús y negó célebremente conocerlo. De hecho, Pedro afirmó ignorar incluso quién era Cristo cuando fue interrogado al respecto en tres ocasiones distintas. Después de que Cristo fuera crucificado, Pedro se escondió con miedo y se desesperó, pensando que todo estaba perdido. La Escritura describe entonces cómo Jesús resucitado se presentó ante Pedro y el resto de los discípulos, y las dudas, el miedo y la angustia de Pedro se convirtieron en fe y regocijo.

En uno de los últimos encuentros que supuestamente tuvo Pedro con Jesús, Cristo le pidió cuentas por su anterior negación. Jesús preguntó a Pedro tres veces: "¿Me amas?". Estas indagaciones sobre su dedicación fueron una respuesta directa a que Pedro había negado a Cristo tres veces anteriormente. Cada vez que Jesús preguntaba, Pedro respondía: "Sí, te amo". Jesús volvió a preguntar, y Pedro le aseguró: "Sí, Señor, tú sabes que te amo". Jesús preguntó una tercera vez, y Pedro afirmó aún más enfáticamente: "Señor, tú lo sabes todo; tú sabes que te amo". Entonces Jesús encargó a Pedro que administrara a los fieles, diciéndole: "Apacienta mis ovejas".

Jesús reveló a Pedro lo que algunos creen que fue una profecía directa de lo que tendría que afrontar al final de su ministerio. Cristo le dijo a Pedro: "Te aseguro que cuando eras más joven te vestías solo e ibas a donde querías; pero cuando seas viejo extenderás tus manos, y otro te vestirá y te llevará a donde no quieres ir". De nuevo, aunque nunca se ha probado, se dice que Pedro fue ejecutado por los romanos siendo crucificado boca abajo. Una muerte así tendría efectivamente a Pedro con las "manos extendidas".

Los Hechos de los Apóstoles bíblicos documentan lo que sucede a continuación en el primer ministerio de Pedro. En lugar de ser manso y suave, un Pedro audaz y confiado comenzó a predicar en el templo. En lugar de negar a Cristo por miedo a ser arrestado, Pedro proclamó en voz alta su nombre para que todos lo oyeran. Finalmente, Pedro fue arrestado y enviado a responder ante el Sumo Sacerdote Caifás sobre lo que estaba haciendo. Pedro no se echó atrás y una vez más proclamó con orgullo el mensaje de Cristo. Podrían haberle apedreado en el acto, pero Pedro era un hombre transformado, y nada de lo que hicieran o dijeran podría disuadirle de predicar el Evangelio.

La Escritura nos dice que, aunque los sacerdotes del templo no creían en el mensaje de Pedro, estaban muy impresionados por su "elocuencia". Sabían que Pedro, pescador de oficio, "no era un hombre culto". Estaban asombrados de que alguien como él se hubiera convertido en un orador tan poderoso. Por el momento, las autoridades del templo decidieron dejar a Pedro libre con una advertencia. Le dijeron que lo dejarían ir, pero insistieron en que dejara de hacer proselitismo a las masas sobre Cristo.

Como era de esperar, Pedro no iba a escuchar, y tan pronto como lo soltaron, se dedicó a predicar audazmente las enseñanzas de Cristo por todo Jerusalén. Más tarde, Pedro fue arrestado de nuevo, y la escritura nos dice que esta vez, fue perdonado por un fariseo llamado Gamaliel. Gamaliel es una figura importante en la historia judía, y se le menciona en varias fuentes fuera de la Biblia, ya que su sabiduría era celebrada por muchos. Y en este encuentro con Pedro, aparentemente estaba en plena exhibición. Con respecto a lo que debía sucederle a Pedro y a sus condiscípulos, Gamaliel advirtió a sus pares.

Hombres de Israel, tened cuidado con lo que vais a hacer a estos hombres. Porque antes de estos días se levantó Teudas, pretendiendo ser alguien, y un número de hombres, unos cuatrocientos, se unieron a él. Lo mataron, y todos los que lo siguieron se dispersaron y quedaron en la nada. Después de él, Judas el galileo se levantó en los días del censo y arrastró tras de sí a parte del pueblo. También él pereció, y todos los que le seguían se dispersaron. Así pues, en el presente caso os digo que os apartéis de estos hombres y los dejéis en paz, pues si este plan o esta empresa es de los hombres, fracasará; pero si es de Dios no podréis derrocarlos. ¡Incluso podríais encontraros en contra de Dios!

De manera muy inteligente, la gran mente de Gamaliel había razonado que, si Pedro y su compañía solo estaban soplando un montón de humo, todo se evaporaría por sí solo. Si, por el contrario, estaban divinamente inspirados por Dios, no habría nada que pudieran hacer para detener esta comisión divina, aunque quisieran. Debido a la sólida lógica de Gamaliel, Pedro y sus compañeros fueron liberados una vez más.

El destino quiso que Gamaliel desempeñara un papel importante en otro gran apóstol cristiano: el apóstol Pablo. Pablo, cuyo nombre de nacimiento era "Saulo de Tarso", fue una figura bastante interesante en la historia judía. En muchos sentidos, Pablo siempre pareció destinado a transitar por dos mundos. Aunque era un firme creyente en la fe judía, el hecho de haber nacido en la ciudad de Tarso, fuertemente helenizada, significaba que también era un ciudadano romano. Hablaba griego y conocía bien la cultura y los valores grecorromanos.

Antes de convertirse en cristiano, Pablo era un fariseo en ciernes bajo la tutela de ese otro gran fariseo, Gamaliel. Se dice que Pablo comenzó su formación con Gamaliel cuando era joven, poco después de su bar mitzvah. Aunque su propio maestro predicaba la moderación a la hora de sancionar la nueva secta cristiana, Pablo, antes de su conversión, era uno de los más celosos perseguidores de la fe.

En lugar de mostrar moderación, Pablo literalmente persiguió a los cristianos. Los hizo encarcelar, golpear e incluso apedrear hasta la muerte. Es por esta razón que su conversión "camino a Damasco" fue un cambio tan dramático. Según las escrituras, Pablo se dirigía a Damasco para disolver y arrestar a las congregaciones cristianas cuando supuestamente tuvo una visión de Cristo. Cristo le preguntó: "¿Saulo? Saulo, ¿por qué me persigues?". Al principio, Pablo no tenía ni idea de quién era la aparición y preguntó: "¿Quién eres, Señor?". A lo que la figura brillantemente iluminada respondió: "Yo soy Jesús a quien persigues".

Esta experiencia visionaria supuestamente llevó a Saulo a cambiar su nombre por el de Pablo y a convertirse en cristiano. Y no solo se convirtió en cristiano: se convirtió en el mayor misionero cristiano que el mundo haya conocido. Pablo acabó viajando por todo el Imperio romano, predicando el evangelio a todo aquel que quisiera escucharlo. Tanto si hablaba en hebreo como en griego, proclamaba abiertamente las enseñanzas de Cristo.

Fueron en gran medida los esfuerzos de Pablo los que ayudaron a cristianizar a las poblaciones no judías del Imperio romano. Este segmento no haría más que crecer con el tiempo, y pronto, los cristianos no judíos superarían en número a los cristianos judíos. En el siglo IV de nuestra era, cuando un emperador romano llamado Constantino subió al trono, el cristianismo no solo fue aceptado, sino que se convirtió en la religión oficial del imperio.

La transformación de esta oscura secta religiosa de Judea en la religión oficial de uno de los imperios más poderosos fue tan dramática como la conversión de Pablo. Gamaliel se había preguntado abiertamente si el cristianismo era solo una moda que no llegaría a nada, pero una vez que el cristianismo emergió del judaísmo, ciertamente demostró ser una fuerza mucho más poderosa de lo que la mayoría imaginaba.

Capítulo 7 - Destrucción y diáspora

"Tened cuidado en vuestras relaciones con el gobierno; porque no atraen a nadie a su lado, sino por sus propios intereses. Aparecen como amigos cuando les conviene, pero no apoyan a un hombre en su momento de tensión".

—Gamaliel

Hubo un gran cambio de sede que tuvo lugar en Judea en el año 64 d. C. con el establecimiento de un nuevo procurador romano de Judea: Gesio Floro. Los procuradores romanos eran vistos por la población en general como intrusos extranjeros y en general no gustaban, pero Gesio Floro demostró ser aún más despreciado de lo que era habitual. Su administración era totalmente corrupta y la disidencia en Judea era habitual bajo su liderazgo. Uno de los disidentes judíos más firmes durante este período fue un grupo llamado los esenios.

Los esenios creían que estaba a punto de producirse una guerra apocalíptica entre las fuerzas del bien y las del mal, y se preparaban para el enfrentamiento final. Roma, presintiendo el problema que se estaba gestando, envió a Cestio Galo, el gobernador de Siria, que esencialmente tenía las llaves de las fronteras orientales de Roma, con una fuerza de legiones romanas grande y capaz de enfrentarse a cualquier amenaza en la región. Cestio Galo llegó a Jerusalén justo a tiempo para la Pascua del año 65.

Para los judíos de esta época, la fiesta de la Pascua era un momento en el que la ciudad no solo se llenaba de judíos observantes para la festividad, sino también de agitadores y revolucionarios que amenazaban con hacer estallar el polvorín de descontento en el que se había convertido Judea. En cuanto Galo llegó, fue recibido por una multitud de manifestantes que gritaban sus quejas contra Gesio Floro.

Es importante señalar la importancia de esta franqueza de los judíos durante este período. En épocas anteriores, muchos habrían tenido miedo de hablar, pero tanta gente había llegado a su límite con la administración romana que gran parte de la reserva de los años anteriores había desaparecido. Los romanos, que siempre estaban en guardia ante las invasiones de enemigos externos en sus fronteras, no querían tener que sofocar los disturbios locales si no era necesario. Así que, hasta cierto punto, los romanos eran tolerantes con las manifestaciones contra su gobierno. La situación era, en el mejor de los casos, de empate.

En lo que respecta a su visita, Galo deseaba asegurarse de que el procurador Gesio Floro no estuviera antagonizando indebidamente a la población local. Como parte de su misión de investigación, se reunió con los líderes judíos locales para poder hablar con ellos directamente sobre cómo era la vida bajo Floro. Galo les escuchó y se comprometió a que Floro se comportara de forma justa. Sin embargo, esto fue básicamente palabras vacías, ya que Galo se dio la vuelta y se marchó sin aplicar ningún cambio.

Como se puede imaginar, estos esfuerzos superficiales por mantener la paz no sirvieron de mucho, y los temores romanos de revuelta se harían realidad en el año 66 de la era cristiana. Cuando el despreciado administrador romano de Judea, Gesio Floro, se enfrentó a varios episodios de manifestantes, en lugar de ceder a cualquiera de sus demandas, los reprimió, y lo hizo con dureza. En un esfuerzo por humillar al pueblo judío, exigió que se le diera un tributo de los fondos del Templo judío. No parecía haber ninguna razón para este tipo de petición, por lo que se trataba de una auténtica extorsión.

Mientras tanto, la noticia de los disturbios llegó de nuevo a los oídos de Cestio Galo, el gobernador de Siria. Envió a algunos de sus representantes a Judea para evaluar la situación. Descubrieron que se estaban produciendo grandes manifestaciones en las que los judíos exigían la independencia, así como una "embajada a Roma" en la que pudieran exponer sus quejas contra Floro directamente.

Los manifestantes judíos se estaban volviendo audaces en este punto, y parecía que todo podía estallar en cualquier momento. Después de una represión particularmente brutal, la conflagración finalmente estalló. Las calles se llenaron de manifestantes judíos que, debido a su gran número, lograron expulsar a los soldados romanos ocupantes. Un grupo de revolucionarios judíos conocido como los zelotes asaltó entonces una guarnición romana y tomó el control de la estratégica fortaleza de Masada.

Allí pudieron consolidar su posición y aprovechar un enorme arsenal de armas. El punto de no retorno absoluto se produjo entonces cuando un fanático llamado Eleazar ben Simon ordenó matar a sangre fría a todos los rehenes romanos que estaban retenidos. Los revolucionarios sabían ahora que toda la fuerza de Roma caería sobre ellos, y se prepararon para el inevitable asedio. Como resultado de estos acontecimientos, Galo, el gobernador de Siria, fue enviado de nuevo a Jerusalén. Esta vez, no era para mantener la paz, sino para emprender una guerra total contra los rebeldes.

Sin embargo, las fuerzas zelotas fueron capaces de burlar a Galo y lanzaron una exitosa emboscada a sus tropas cuando se acercaban a su fortaleza. El ejército de Galo fue aplastado. Esta fue una victoria increíble para los judíos, pero el emperador romano Nerón no iba a rendirse simplemente porque unas pocas legiones fueran destruidas.

En su lugar, reunió más tropas, esta vez bajo el mando de su principal general, Vespasiano, y las envió a un curso de choque con los zelotes.

La primera batalla de Vespasiano tuvo lugar en Galilea en el año 67 d. C., donde se encontró con un ejército de unos 50.000 judíos dirigido por un sacerdote llamado Josefo. El ejército fue derrotado y Josefo fue tomado como rehén. Josefo se convertiría más tarde en historiador romano y escribiría gran parte de los detalles de estos acontecimientos. Después de asolar Galilea, Vespasiano asaltó la costa israelí y sometió ciudades como Jope y Jericó antes de dirigirse al este de Jerusalén.

El general Vespasiano fue detenido en su camino cuando recibió la noticia de que el emperador Nerón había muerto. En realidad, Nerón se había quitado la vida. Debido a la incierta situación en Roma, Vespasiano detuvo su avance y regresó a la capital romana. Mientras tanto, su hijo Tito quedó a cargo de las fuerzas romanas en Judea. Vespasiano acabaría convirtiéndose en emperador, tras lo cual ordenó a Tito marchar sobre Jerusalén, campaña que comenzó en el año 70 de la era cristiana.

Tito hizo que un ejército de unos 80.000 soldados romanos rodeara la ciudad y, con cierto esfuerzo, acabaron atravesando las murallas. Esto condujo a un prolongado asedio de los combatientes judíos que se atrincheraron en la ciudadela, preparando el escenario para uno de los enfrentamientos más dramáticos de la historia. Tito finalmente condujo a las legiones a la victoria ese verano, tomando la ciudad y quemando el templo judío hasta los cimientos.

¿Y respecto a los fanáticos que se refugiaron en la fortaleza de Masada? Justo cuando los romanos entraron, tomaron la fatídica decisión de acabar con sus propias vidas. Mataron a sus esposas e hijos antes de suicidarse ellos mismos. Lamentablemente, habían llegado a la fría conclusión de que estaban mejor muertos que caer en manos de los vengativos romanos. Este fue un golpe devastador para los revolucionarios judíos, sin duda, pero el espíritu de lucha no había desaparecido todavía. Todavía tenían un levantamiento masivo en la manga en forma de un hombre carismático que descendía de David, al que llamaban el mesías, un hombre llamado Simón bar Kokhba.

Este siguiente gran levantamiento, que tuvo lugar en el año 131 de la era cristiana, se conocería como la revuelta de Bar Kokhba. Al igual que en la revuelta anterior, los judíos tuvieron inicialmente éxito en la batalla, pero los enormes refuerzos romanos pronto aplastaron la rebelión, y el propio Bar Kokhba fue asesinado. Y las repercusiones posteriores para el pueblo judío fueron absolutamente devastadoras.

Los romanos prohibieron la práctica del judaísmo y expulsaron a los judíos de Jerusalén. Deseando borrar del mapa todo recuerdo de Judea, los romanos tuvieron la audacia de rebautizar la región como *Siria Palestina*, aparentemente como un insulto a los judíos, ya que era una variación romana del adversario ancestral de los judíos: los filisteos. A raíz de este amargo apocalipsis, que sacudió su patria hasta sus cimientos, comenzó realmente la diáspora judía.

Capítulo 8 - La enseñanza talmúdica de los exiliados

"Existe una bonita historia jasídica de un rabino que siempre decía a su gente que si estudiaban la Torá, pondría las escrituras en sus corazones. Uno de ellos preguntó: '¿Por qué en nuestros corazones y no en ellos?'. El rabino respondió: 'Solo Dios puede poner la escritura dentro. Pero leer el texto sagrado puede ponerlo en tu corazón, y entonces, cuando tu corazón se rompa, las palabras sagradas caerán dentro'".

—Anne Lamott

Con los judíos dispersos a los vientos, los romanos conquistadores se empeñaron en eliminar hasta el último vestigio de memoria judía de la región. En primer lugar, llamaron al territorio Siria Palestina. Esto se hizo como una forma de burla contra los judíos, ya que se sabía que sus enemigos ancestrales habían sido los filisteos. También se cambió el nombre de Jerusalén. En lugar de llamarla Jeru-Shalom —llamada "ciudad de la paz" por el rey David— el emperador Adriano la rebautizó como Aelia Capitolina.

La palabra "Aelia" proviene del apellido de Adriano, Aelius. Adriano hizo construir un nuevo asentamiento romano sobre las ruinas de Jerusalén y le imprimió su propio sello familiar. Y seguiría siendo Aelia Capitolina hasta que el emperador cristiano Constantino le cambió el nombre por el de Jerusalén en el siglo IV. Curiosamente, parece que los futuros conquistadores musulmanes no recibieron este memorándum, ya que cuando la ciudad fue reclamada por los musulmanes, a menudo se referían a ella como "Aelia".

Independientemente de cómo se llamara su antigua capital, el pueblo judío estaba aprendiendo a vivir lejos de la tierra que había sido el centro de su fe e identidad durante varios siglos. Durante este período, uno de los mayores refugios para los judíos resultó ser Babilonia. La misma tierra en la que habían estado cautivos durante su famoso cautiverio babilónico se convirtió en su mayor refugio cuando fueron perseguidos por los romanos.

Comprendiendo gran parte del actual Irak, Babilonia, que técnicamente formaba parte del Imperio parto en esta época, seguía siendo un baluarte de Oriente, protegiendo las tierras orientales contra las invasiones de los romanos. Las ciudades babilónicas, como Nisibis, Nehardea, Pumbedita, Sura y Mahoza, recibieron una afluencia masiva de inmigrantes judíos durante este período. Los judíos de Babilonia tenían incluso su propio jefe de la comunidad, que era conocido como el "Príncipe de la Cautividad" o a veces llamado el "Exilarca". Este hombre estaba a cargo de las leyes de la comunidad, las actividades religiosas e incluso la recaudación de impuestos entre los miembros de la comunidad.

También reunieron recursos para la redacción de una gran obra religiosa que se conocería como el Talmud de Babilonia. La palabra "Talmud" es un término hebreo que significa "enseñar". El Talmud fue creado en un momento en el que los judíos luchaban por reorientar su religión lejos de la ubicación física de Jerusalén y el templo en ruinas hacia una ideología que pudieran empacar y llevar con ellos sin importar a dónde fueran.

Uno de los principales arquitectos y facilitadores de esta nueva enseñanza fue un hombre llamado Abba Arika, que fundó un extenso centro académico en la ciudad babilónica de Sura, que contaba con unos 1.200 alumnos. Esta institución se convertiría en el principal centro de aprendizaje judío en Babilonia. Uno de sus alumnos más brillantes fue un hombre llamado Mar Samuel.

Mar Samuel era hijo de un acaudalado comerciante, y él mismo creció hasta convertirse en un prominente médico. Rechazó la teoría predominante de que los "humores corporales" causaban enfermedades y, en cambio, atribuyó los males a la presencia de "minúsculas partículas que entraban en el cuerpo humano a través del aire", lo que le convirtió en un hombre adelantado a su tiempo. También fue la gran mente de Mar Samuel la que ideó algunas de las leyes de la diáspora más vitales, que dictaban cómo debían comportarse los judíos durante el exilio.

La primera ley de la diáspora era conocida como la "Ley de la Tierra". Esta ley enseñaba que los judíos debían adherirse fielmente a las leyes de la nación de acogida en la que se encontraban, siempre que estas leyes no les obligaran a violar sus creencias religiosas. La segunda ley de la diáspora dictaba entonces que los judíos no debían dudar en defender a su nación de acogida, incluso si eso les hacía entrar en conflicto con otro judío de otra nación.

Esto significaba, por ejemplo, que si un judío en algún lugar del Imperio romano era reclutado como soldado romano y luego luchaba contra las tropas judías reclutadas en el ejército parto, ninguno de los dos debía tener reparos en luchar contra el otro, ya que solo estaban cumpliendo las órdenes de su nación anfitriona. El Talmud consta de dos partes principales: la Mishna y la Guemará. La Mishna es la recopilación de una larga tradición de comentarios orales sobre la Biblia hebrea, o Torá.

Los comentarios orales de los rabinos tratan de explicar partes de la Torá que pueden resultar poco claras. Se aclaran los versículos bíblicos que dicen cosas como que el castigo por las transgresiones es "ojo por ojo y diente por diente". En lugar de tomar esas cosas literalmente, los comentarios rabínicos sugerían que esas expresiones eran metáforas de la necesidad de una justicia equitativa, pero no significaban necesariamente que alguien tuviera que sacarse los ojos literalmente para conseguirla.

Además de la Mishná, la Guemará es la documentación de más discusiones rabínicas sobre el comentario rabínico escrito. Como se puede ver, el Talmud en sí es un análisis bastante completo del aprendizaje judío. Uno de los aspectos más controvertidos del Talmud son sus referencias a una figura llamada "Yeshu", que es una variación aramea de "Yeshua". Yeshua, por supuesto, es el nombre hebreo de "Jesús".

Algunos creen que la mención era una representación de Cristo, y las referencias hechas en el Talmud no son precisamente halagadoras. Sin embargo, eruditos judíos posteriores refutarían esto, insistiendo en que el texto hablaba en realidad de un "Yeshua" diferente y no del de la fe cristiana. En cualquier caso, esta recopilación y fusión de la Mishna y la Guemará continuaría hasta que el Talmud se consideró completo en torno al año 500.

El resto del mundo había cambiado considerablemente entretanto. El Imperio romano, que inicialmente había perseguido tanto a los judíos como a los cristianos, había adoptado el cristianismo como religión oficial. Desde que el emperador romano Constantino promulgó el Edicto de Milán en el año 313 de la era cristiana, que aceptaba el cristianismo como una religión tolerada y protegida por la ley romana, el imperio se volvió cada vez más cristiano en su composición.

De este modo, surgió un renovado interés por la tierra que el propio Jesús había pisado. Pronto, los cristianos acudieron a Tierra Santa para volver sobre sus pasos. Se descubrieron reliquias sagradas y se erigieron nuevas iglesias cristianas, como la del Santo Sepulcro, para señalar lugares sagrados para la fe. Durante los siglos siguientes, el cristianismo reinaría en Israel, mientras que el pueblo judío quedaba al margen.

Sin embargo, el Imperio romano se debilitaba y muchas regiones se escapaban de su control imperial. Pronto, la capital del Imperio romano dejó de ser Roma para convertirse en una ciudad de Asia Menor (la actual Turquía) llamada Constantinopla. Esta ciudad, que recibió el nombre de Constantino el Grande, sería la sede del poder del sucesor del Imperio romano: el Imperio bizantino.

El Imperio bizantino era en realidad la mitad oriental del Imperio romano original, que se centraba en la antigua colonia griega de Bizancio, de la que formaba parte Constantinopla. Pero cuando la mitad occidental del Imperio romano cayó ante las bandas itinerantes de las tribus germánicas del oeste y el norte de Europa, técnicamente lo único que quedó intacto fue la mitad oriental. Aunque Roma cayó en 476, el Imperio bizantino duraría hasta 1453.

El poderoso emperador bizantino Justiniano I consiguió recuperar gran parte del antiguo imperio durante su reinado a mediados del siglo VI, pero a principios del siglo VII, una amenaza procedente de Oriente se alzaría para amenazar la hegemonía cristiana sobre Tierra Santa. El Imperio persa, que había sido durante mucho tiempo un enemigo de los romanos, estaba en marcha. Y después de varios enfrentamientos terribles entre los dos imperios, los persas lograron marchar sobre la propia Jerusalén, tomando el control en el año 614 de la era cristiana.

El emperador bizantino Heraclio logró lanzar una contraofensiva masiva y recuperó Israel para la cristiandad en el 630. Los bizantinos, sospechando que los pocos residentes judíos que quedaban habían colaborado con los persas, redoblaron su persecución contra ellos.

Pero nadie sabía que un poder religioso y político imprevisto estaba a punto de surgir de Arabia y cambiarlo todo.

Capítulo 9 - Los judíos y el surgimiento del Islam

"Cuando Alá diga: ¡Oh Jesús, hijo de María! Recuerda mi favor sobre ti y tu madre, cuando te fortalecí con el Espíritu Santo, hablaste a la gente en la cuna y cuando de viejo, y cuando te enseñé el Libro y la sabiduría y la Taurat [Torá] y el Injeel [Evangelio]; y cuando determinaste de la arcilla una cosa como la forma de un pájaro con mi permiso, luego soplaste en ella y se convirtió en un pájaro con mi permiso, y curaste a los ciegos y a los leprosos con mi permiso; y cuando resucitaste a los muertos con mi permiso; y cuando retuve a los hijos de Israel cuando viniste a ellos con argumentos claros, pero los que no creían entre ellos dijeron: Esto no es más que un claro encantamiento".

—El Corán/Surah V: 110 (La comida)

Cualquiera que haya leído el Corán se dará cuenta de la similitud de las historias y los personajes con los del judaísmo y el cristianismo. Son similares porque son básicamente resúmenes con ligeras alteraciones de las mismas personas y eventos. El Corán habla de Abraham, Noé, Moisés y Jesús en resúmenes rápidos intercalados con supuestos comentarios divinos de Dios o, como se llama a la deidad monoteísta en el Corán, "Alá".

Esta inspiración divina fue supuestamente transmitida a través del "último profeta" de Alá, Mahoma. Pero, ¿quién era Mahoma? ¿De dónde procedía? Mahoma procedía de una tribu de beduinos de Arabia Saudí. Antes del surgimiento del islam, Arabia Saudí era el hogar de un vasto crisol de creencias religiosas. La mayoría de los árabes eran politeístas y adoraban a muchos dioses. Pero aun así, estaban en constante contacto con cristianos y judíos. Tras la destrucción del Templo judío y después de muchas generaciones de diáspora, surgieron varias comunidades judías en Arabia.

Mahoma estuvo en contacto con estas comunidades y se convirtió en un gran admirador de la fe judía. Por supuesto, los judíos y los árabes tienen una larga historia de convivencia en la región, y ambos grupos mantienen la narrativa ancestral de que Abraham fue el padre común de ambos pueblos, ya que el nieto de Abraham, Jacob, fundó Israel, mientras que el otro nieto de Abraham, Ismael, fundó el mundo árabe.

Una vez que la población judía aumentó en Arabia Saudí, los judíos pasaron a ocupar un lugar destacado en los asentamientos de la península arábiga, como Medina, que se convirtió en un punto central de la vida y la cultura judías en la región. También se da la circunstancia de que Medina fue el lugar desde el que Mahoma desarrolló por primera vez la fe musulmana.

Mahoma era huérfano y fue criado por su tío. Creció como pastor antes de conseguir un trabajo como conductor de camellos para una acaudalada viuda llamada Khadija, con la que Mahoma acabó casándose. Mientras conducía camellos de las caravanas de Khadija, Mahoma conoció al pueblo judío y la fe judía. Gracias a ellos conoció las historias bíblicas de los patriarcas del Antiguo Testamento, como Abraham, Noé, Moisés y otros.

Además de los judíos, Mahoma también se encontró con miembros de la secta cristiana gnóstica y aprendió variaciones de sus relatos sobre la vida de Jesús. Esta conexión con el cristianismo gnóstico puede, de hecho, probarse fácilmente porque el Corán relata historias de Jesús que los cristianos gnósticos promovieron. El Corán, por ejemplo, cuenta la historia de Jesús haciendo esculturas de pájaros de arcilla y luego dándoles vida cuando era niño. Si usted es un cristiano convencional y nunca ha escuchado la historia de un joven Jesús dando vida a pájaros de arcilla, hay una razón para ello: no forma parte del canon cristiano convencional. Este relato procede de los textos cristianos gnósticos, que fueron excluidos de lo que se convertiría en la Biblia cristiana oficial. Mahoma se encontraba y discutía frecuentemente con los gnósticos durante sus viajes, por lo que el relato gnóstico de Jesús dando vida a pájaros de arcilla llegó al Corán.

En cualquier caso, estas cepas del judaísmo y el cristianismo se introdujeron en el Corán para dar lugar al islam, una fe monoteísta que cree en un Dios y en una serie de profetas, entre los que se encuentran todos los sabios del Antiguo Testamento, así como Jesús y el último profeta, el propio Mahoma.

Mahoma pudo ganar cada vez más adeptos entre la población árabe local, pero para su disgusto, los judíos, de los que se había derivado gran parte de su teología, no estaban interesados en su mayoría. Para ellos, las enseñanzas de Mahoma, que reciclaban en gran medida ciertos aspectos del judaísmo y el cristianismo, no eran atractivas. Mientras tanto, Mahoma tuvo problemas en la ciudad de La Meca cuando empezó a predicar contra el culto a los ídolos que se practicaba en la ciudad.

Es importante tener en cuenta la historia de La Meca y lo fuerte que era el culto politeísta a los ídolos en esa ciudad. La Meca, por supuesto, acabaría convirtiéndose en una ciudad sagrada para los musulmanes. Es conocida por tener el santuario de la Kaaba, al que millones de musulmanes hacen una peregrinación, conocida como el hajj, cada año. La Kaaba, que es una estructura de piedra con forma de cubo, es anterior al islam. La tradición islámica sostiene que la Kaaba fue construida nada menos que por el patriarca judío Abraham y su hijo —del que se dice que descienden los árabes— Ismael.

Sin embargo, en la época de Mahoma, la Kaaba albergaba en realidad ídolos de piedra que los politeístas adoraban. Mahoma se opuso firmemente a que se utilizara la Kaaba para tales fines. Esto provocó un conflicto con las autoridades de la ciudad, y Mahoma se vio obligado a huir a Medina en el año 622 de la era cristiana. Allí, él y sus seguidores intentaron que los judíos locales se unieran a la causa del islam. Pero los lugareños se negaron y Mahoma acabó desatando sus fuerzas contra ellos. Los discípulos de Mahoma atacaron a los judíos y confiscaron sus bienes y armamento. Después de consolidar su control sobre Medina, Mahoma lanzó un asalto a La Meca en el año 630 de la era cristiana. Su implacable lucha contra La Meca tuvo éxito, y pronto los politeístas de la Kaaba quedaron fuera de juego. Durante su vida, las enseñanzas de Mahoma llegarían a toda la península arábiga.

La fe de Mahoma podía ser agresiva, y no estaba en contra de forzar la conversión por medio de la espada. De hecho, muchos judíos se vieron obligados a huir de la misma fe que el judaísmo ayudó a inspirar, ya que los celosos musulmanes intentaron convertirlos por la fuerza. Cabe señalar que la ley islámica prohíbe de hecho la conversión forzada, pero aun así se produjo en la historia. Muchos creen que los musulmanes estaban más interesados en la conquista que en la conversión, pero esto sigue siendo un debate en curso, y solo el tiempo dirá hasta qué punto llegaron los musulmanes para conseguir nuevos conversos. No obstante, el islam se extendió rápidamente y, a la muerte de Mahoma, sus sucesores siguieron llevando el estandarte del islam a los países vecinos.

Las fuerzas musulmanas acabaron entrando en Israel —la antigua patria de los judíos— y se la arrebataron a los bizantinos romanos en el año 637 de la era cristiana. Para entonces, Mahoma ya había muerto, pero su sueño de llegar hasta Tierra Santa había sido alcanzado por sus sucesores. Con el control musulmán de Israel asegurado, se levantó la prohibición que los romanos habían impuesto al pueblo judío, y muchos pudieron regresar.

Los sucesores musulmanes de Mahoma practicaron una forma de tolerancia sobre las creencias tanto de los cristianos como de los judíos. Inmediatamente antes de que los bizantinos se retiraran de la zona, el victorioso general musulmán, Omar ibn al-Jattab, prometió su tolerancia con una declaración oficial que decía: "De Omar ibn al-Jattab a los habitantes de Aelia [Jerusalén]. Serán protegidos y asegurados tanto en sus vidas como en sus fortunas, y sus iglesias no serán derribadas ni utilizadas por nadie más que por ellos mismos".

Estas palabras hacen que los musulmanes parezcan conquistadores benévolos, pero aunque los no musulmanes eran tolerados, seguían siendo tratados como ciudadanos de segunda clase. Según la ley islámica, los cristianos y los judíos que se negaban a convertirse al islam tenían que pagar un impuesto especial, conocido como jizya, y se les obligaba a cumplir unas restricciones específicas que los ciudadanos musulmanes no cumplían.

Aun así, para muchos judíos, el mero hecho de que se les permitiera volver a Jerusalén compensaba tener que pagar un impuesto y estar sometidos a normas y reglamentos arbitrarios. Pero incluso si la ciudadanía de segunda clase se consideraba tolerable, las generaciones posteriores de gobernantes musulmanes pronto apretaron las tuercas a los residentes judíos. Los judíos se enfrentaron a niveles de discriminación cada vez mayores, lo que llevó a muchos a abandonar Tierra Santa en busca de entornos más hospitalarios.

En realidad, fue cuando los musulmanes árabes fueron desplazados por los musulmanes turcos de Oriente, en 1065, cuando la situación de los cristianos y los judíos cambió radicalmente. Los turcos no eran ni de lejos tan tolerantes como los árabes, y pronto, los cristianos y los judíos fueron objeto de ataques descarados por su fe. Probablemente uno de los abusos más famosos de estos turcos fue cuando empezaron a atacar a peregrinos cristianos desarmados que habían llegado a Tierra Santa para visitar lugares religiosos.

Desde la conquista inicial por parte de los musulmanes árabes en el año 637 de la era cristiana, se permitía a los peregrinos cristianos visitar Tierra Santa y se les garantizaba la protección de las autoridades musulmanas. Sin embargo, una vez que los turcos tomaron el poder, todo cambió. Los visitantes cristianos desarmados eran atacados, robados y secuestrados. Estos repetidos atropellos sirvieron de pretexto al papa Urbano II para lanzar la Primera Cruzada.

Los bizantinos, que llevaban tiempo defendiéndose de las incursiones de los musulmanes turcos, ya habían pedido ayuda a los cristianos occidentales, por lo que esto, unido al acoso a los peregrinos cristianos, fue suficiente para iniciar una de las series de guerras más sangrientas de la historia. Y las consecuencias serían tan graves para los judíos como para los musulmanes.

Capítulo 10 - Las cruzadas, la cábala y Maimónides

"Cristianos, apresuraos a ayudar a vuestros hermanos de Oriente, pues están siendo atacados. Armaos para el rescate de Jerusalén bajo vuestro capitán Cristo. Llevad su cruz como insignia. Si os matan, vuestros pecados serán perdonados".

—Papa Urbano II

El papa Urbano II convocó la primera cruzada en 1095. La culminación de esta llamada a las armas se debió a las depredaciones musulmanas contra los bizantinos orientales y los peregrinos cristianos, junto con el deseo de la Iglesia católica de recuperar Tierra Santa para la cristiandad. Esta llamada a la acción tocó la fibra sensible de la Europa cristiana, y todos los que la escucharon se sintieron inmediatamente entusiasmados por formar parte de una gran misión.

En ese momento, Europa occidental, que había quedado desgarrada tras la caída de la mitad occidental del Imperio romano, se estaba levantando de los escombros. Las tribus bárbaras que habían atacado a la Roma imperial se habían convertido en cristianas, convirtiendo al cristianismo en el pegamento que mantenía unido no a un imperio, sino a varios reinos vagamente conectados. La principal autoridad a la que recurrían los reyes y reinas de Europa no era un emperador romano, sino el papa de la Iglesia católica romana.

Innumerables nobles europeos respondieron a la llamada a las armas y prometieron al papa Urbano II que formarían ejércitos lo antes posible para marchar a Tierra Santa. Sin embargo, los ejércitos profesionales tardan en formarse y no podrían partir todos a la vez, pero no todos estaban dispuestos a esperar. Fuera de lo que serían las principales fuerzas cruzadas de Europa, las de los caballeros y reyes, la clase campesina común también fue alentada por el mensaje. Predicadores apasionados, como el célebre Pedro el Ermitaño, fueron capaces de incitar al ciudadano común a dejar lo que estaba haciendo y emprender una "misión divina" para recuperar Jerusalén.

La labia de Pedro convenció a miles de personas para que dejaran sus aperos de labranza, abandonaran sus productos de panadería y le siguieran. Pedro acabó teniendo uno de los ejércitos más extraños de la historia, ya que le seguían hombres regulares, mujeres e incluso niños. Algunos de ellos no iban armados más que con palos, pero todos estaban absolutamente convencidos de que iban a expulsar a los musulmanes de la tierra de Cristo.

Sin embargo, la cruzada de Pedro no se cuenta oficialmente como parte de la primera cruzada, que consistía en tropas entrenadas profesionalmente y enviadas a Tierra Santa. El grupo de Pedro fue un espectáculo secundario del evento principal, y se le conoce como la cruzada popular. En la primavera de 1096, Pedro condujo a su indisciplinada masa humana a través de los campos de Europa, donde causaron la angustia general a todos los que encontraron. Al no tener forma de alimentar a este grupo revoltoso, el orden se rompió y muchos de ellos a menudo robaban a los lugareños.

Los judíos, en particular, eran vulnerables a esta turba, ya que las autoridades locales a menudo no los protegían o incluso se negaban a hacerlo. Por supuesto, los judíos también fueron objeto de ataques debido a sus creencias religiosas, y fueron sometidos a intentos de conversión forzosa por parte de los cristianos. Era una época en la que cualquiera que practicara una fe diferente era visto literalmente como el enemigo, así que no hacía falta mucho para que los cristianos atacaran a los judíos. Y el dramatismo de las cruzadas avivó estos sentimientos más que nunca.

Los primeros ataques a los judíos por parte de estos cruzados improvisados ocurrieron en Francia y luego continuaron en Renania de Alemania. Fue aquí donde se llevaron a cabo algunas de las peores atrocidades contra los judíos. Se calcula que más de 12.000 judíos fueron asesinados en los ataques indiscriminados lanzados por la cruzada popular. Hay que subrayar que las acciones de este grupo de cruzados campesinos fueron propias. Fueron condenados por el papa, a pesar de que fue su llamado a la cruzada lo que los impulsó a actuar.

Sin embargo, cuando este grupo de aspirantes a cruzados llegó a Tierra Santa, los turcos no tardaron en liquidarlos, matando o esclavizando a casi toda la banda de inadaptados de Pedro el Ermitaño. Quizás el único beneficio real que tuvo esta debacle para la primera cruzada fue que hizo que los turcos subestimaran en gran medida a los bien equipados cruzados profesionales que vendrían después de que los bribones de Pedro el Ermitaño mordieran el polvo.

Después de la aniquilación de los campesinos de Pedro el Ermitaño, la primera fuerza principal de los cruzados llegó a la escena. Este grupo luchó agresivamente a través de Asia Menor y en Tierra Santa hasta llegar a las puertas de Jerusalén. Estos caballeros cristianos de brillante armadura no se parecían a nada que los guerreros musulmanes hubieran encontrado antes. Los arqueros musulmanes dispararon una andanada tras otra de flechas a los cruzados que se acercaban, pero los caballeros, cuya armadura metálica se erizaba como el pelaje de un puercoespín, seguían avanzando.

Los defensores de Jerusalén se vieron obligados a rendirse, tras lo cual se cometió una de las peores atrocidades de los cruzados contra los judíos. Se dice que muchos de los judíos que permanecían en la ciudad fueron metidos en una sinagoga. Entonces los cruzados prendieron fuego al edificio, matando a todos los que estaban dentro. Los cruzados mantuvieron su presencia en Tierra Santa durante unos 200 años antes de ser expulsados por las fuerzas musulmanas.

Varios gobernantes musulmanes controlarían entonces la región hasta que los turcos musulmanes del Imperio otomano convirtieron a Israel/Palestina en parte de su dominio. Así se mantendría hasta la derrota de los turcos en la Primera Guerra Mundial, tras la cual los británicos tomaron el control de Israel/Palestina en 1918. Haría falta otra guerra mundial y una declaración de las Naciones Unidas para conceder finalmente la independencia a un nuevo Estado judío en 1948. Pero en lo que respecta a las cruzadas y sus consecuencias inmediatas, el pueblo judío tuvo que hacer grandes esfuerzos solo para sobrevivir.

En marcado contraste con la agitación de los judíos en Tierra Santa, a los judíos sefardíes de España les iba bastante bien. El término "sefardí" viene de la palabra "Sefarad", que es la palabra hebrea para "España". Los judíos sefardíes ya estaban en España desde hacía siglos, antes de su toma de posesión por los musulmanes en el año 711 de la era cristiana. Pero los años inmediatamente anteriores a la irrupción de los musulmanes en la península ibérica desde el norte de África no fueron generalmente buenos para el pueblo judío, ya que los gobernantes cristianos, anteriormente tolerantes, habían apretado las tuercas a sus súbditos judíos y habían comenzado a perseguirlos. Pero una vez que los musulmanes tomaron el poder, en lugar de la persecución, los conquistadores musulmanes restauraron gran parte de las libertades que los judíos habían disfrutado antes. Para ser claros, los no musulmanes seguían siendo tratados por sus señores musulmanes como ciudadanos de segunda clase. Aunque eran segundos en todos los sentidos respecto a los creyentes musulmanes, a los judíos y cristianos se les permitía practicar su propia fe y vivir de acuerdo con sus creencias culturales sin impedimentos, siempre que pagaran un impuesto y reconocieran su condición de subordinados.

Hoy en día, una discriminación tan flagrante sería aborrecible, pero la ciudadanía de segunda clase impuesta por los gobernantes musulmanes de España era en realidad mucho más preferible que la intolerancia absoluta de los muchos gobernantes cristianos que vinieron antes, ya que trataban de convertir a los judíos por la fuerza e interferir directamente en su forma de vida. Para muchos judíos, tener que pagar a los musulmanes un impuesto que esencialmente equivalía a una extorsión de protección seguía siendo el menor de los males y se consideraba preferible a la alternativa.

En cualquier caso, incluso como ciudadanos de segunda clase bajo el dominio musulmán en España, durante los siguientes siglos, los judíos españoles comenzaron a florecer. Al poder practicar abiertamente su religión y perfeccionar sus actividades intelectuales, los judíos lograron grandes progresos en medicina, ciencia, filosofía, literatura y otros campos. Los judíos también se hicieron conocidos por proporcionar hábiles traductores que proporcionaban enlaces lingüísticos entre los textos hebreos, griegos, árabes y españoles, según fuera necesario. También hablaban su propia versión del español, que llegó a conocerse como "ladino". De hecho, gracias a sus esfuerzos, muchas grandes obras antiguas, que se creían perdidas en la Edad Media, volvieron a salir a la luz. Los comerciantes y banqueros judíos también empezaron a destacar, y España comenzó a contar con prósperas y poderosas comunidades judías. Durante este periodo, la intelectualidad judía también se expandió enormemente, y un prominente médico y académico, un hombre llamado Hasdai ibn Shaprut, fundó una academia hebrea en la ciudad española de Córdoba. Hasdai fue una gran luz que brilló en la diáspora hasta su muerte en torno al año 970.

En esta época, España estaba bajo el control de la dinastía omeya, cuyo liderazgo era bastante benévolo e ilustrado para su época. Sin embargo, el gobierno omeya llegó a su fin hacia el año 1031 y se dividió en varios hombres fuertes musulmanes que controlaban sus distintos rincones de España. No obstante, la diáspora española continuó, y en 1138, la mente más grande de los judíos sefardíes – Moisés Maimónides– nació en Córdoba, España.

Pero aunque Moisés era sefardí y había nacido en España, no pasó la mayor parte de su vida en la península ibérica. Cuando era solo un joven, el feroz régimen fundamentalista de los almohades se impuso en el sur de España. Los almohades abolieron el estatus de *dhimmi*, o la aceptación de la ciudadanía de segunda clase para los no musulmanes, y en su lugar dieron a los judíos solo tres opciones: convertirse al islam, abandonar el país o ser asesinados.

Incluso si un judío se convertía al islam, la atmósfera hostil creada por los almohades llevó a una persecución y discriminación continuas de los judíos conversos. Los almohades incluso hacían que los conversos judíos se pusieran una ropa especial y distintiva para que pudieran ser fácilmente identificados como judíos, lo que, por supuesto, solo los exponía a más burlas por parte de los musulmanes. Estas cosas son sorprendentemente similares a la forma en que los nazis del siglo XX obligaron a los judíos a llevar la estrella de David para que pudieran ser fácilmente identificados en una multitud. Es realmente alarmante la frecuencia con la que se repite la historia.

En cualquier caso, esta persecución musulmana llevó a Moisés a huir a los alrededores más hospitalarios del norte de África. Él y su familia se establecieron inicialmente en Fez, Marruecos, antes de trasladarse más al este. Finalmente, acabó estableciéndose en Egipto en 1166. En esta época, Egipto estaba controlado por el califato fatimí musulmán, que resultó ser mucho más acogedor que los integristas españoles.

Aquí, Moisés pronto se estableció como líder de la comunidad en la diáspora judía en Egipto. Fue aquí donde produciría grandes obras literarias, incluyendo su famoso comentario a la Mishnah. La Mishnah, como se recordará, forma parte del texto rabínico conocido como Talmud. Más en relación con su situación actual, Maimónides también expuso el debate sobre si era o no ético que los judíos se convirtieran al islam bajo la opresión, pero siguieran siendo judíos en secreto. Muchos judíos en España no podían abandonar el país, por lo que se habían visto obligados a hacerlo. Cuando se les dio la opción de la conversión o la muerte, eligieron la vida y profesaron lealtad al islam, pero siguieron practicando secretamente su fe judía. La discusión en la diáspora era si esa práctica podía ser tolerada por la ley judía. Maimónides sostenía que sí, ya que en esa situación las opciones eran bastante limitadas. Maimónides también argumentaba que aceptar una conversión forzada era a menudo la mejor opción para una familia judía en su conjunto, ya que podían continuar —al menos en secreto— criando a sus hijos en la fe judía. Si hubieran sido ejecutados por negarse a convertirse, sus hijos podrían haber sido arrebatados a los miembros supervivientes de la familia y obligados a convertirse en musulmanes. No todo el mundo estaba de acuerdo con Maimónides, y algunos afirmaban que las escrituras del Talmud eran claras en cuanto a que los judíos debían "ser asesinados antes que transgredir".

Estas cuestiones siguieron siendo un encendido debate durante gran parte de la vida de Maimónides. Algunos sospechan que una de las razones por las que estaba tan cerca de su corazón era que tal vez su familia había hecho una falsa conversión al islam antes de poder escapar. No hay pruebas de que esto ocurriera, pero es ciertamente una posibilidad, y explicaría por qué estas cosas le importaban tanto a Maimónides. Si se hubiera descubierto que Maimónides se había convertido al islam, habría perdido el respeto en la comunidad de la diáspora, que a menudo pedía una resistencia total sin importar el coste.

Además de su obra filosófica, Maimónides también sería bastante conocido por sus tratados de medicina. En su época, compuso complejos análisis de enfermedades hasta entonces desconocidas, como la diabetes, la hepatitis y el asma. Maimónides era un hombre que creía en los científicos racionales y admiraba a los filósofos y médicos griegos, como Aristóteles, tanto como a los patriarcas de la Biblia.

Intentó crear una forma más racional de judaísmo que utilizara la razón y la lógica tanto como el misticismo. Pero a pesar de todos estos esfuerzos, un movimiento rival que era en gran medida la antítesis de la lógica de Maimónides ganó prominencia en la comunidad de la diáspora. Este grupo era conocido como cábala. Los seguidores de la cábala (también deletreada como Kabbalah) buscaban un marco más místico con el que ver el mundo. Aunque el movimiento surgió en la época de Maimónides, los cabalistas afirman que sus creencias se derivan de la tradición oral que se remonta a Moisés y al Éxodo. No hace falta decir que Moisés Maimónides no estaba de acuerdo.

Sin embargo, la cábala ganó importancia. Y el escrito más inspirado relacionado con la cábala fue el del Zohar. Este libro místico y cabalístico surgió por primera vez en ese gran centro medieval del aprendizaje judío: España. El Zohar apareció en el siglo XIII y fue compilado por un erudito judío llamado Moisés de León. Sin embargo, hay que subrayar que Moisés de León no afirmaba ser el autor, sino solo el compilador. Según Moisés, había conseguido reunir la obra mucho más antigua de un tal Rabí Shimon bar Yochai, que data del año 70 de la era cristiana, más o menos cuando el Templo judío fue destruido por los romanos. Se dice que Rabí Shimon bar Yochai se escondió en una cueva durante varios años, donde recibió la inspiración divina para escribir el Zohar.

Al igual que el Talmud, el Zohar es esencialmente otro comentario, pero en lugar de centrarse en la ley judía, se centra en el misticismo judío. El Zohar examina los supuestos significados ocultos de las escrituras y ofrece una interpretación mística. Moisés de León afirmó que había recuperado este tesoro perdido y que simplemente quería revelarlo al mundo. Sin embargo, desde que se hizo esta revelación, muchos judíos, entonces y después, se han mostrado escépticos sobre los verdaderos orígenes del texto, y algunos se han preguntado abiertamente si Moisés de León no lo había escrito él mismo.

Pero, independientemente de su procedencia, los escritos del Zohar ofrecen una interpretación bastante singular de las escrituras, que es muy diferente a cualquier otro análisis que se haya hecho hasta ahora. En el Zohar, cada línea de la Torá es examinada en busca de un significado más profundo, místico y espiritual. Solo las primeras palabras del Génesis, "Bereishit bara Elohim..." (En hebreo, "En el principio, Dios creó...") nos lanzan a la siguiente narración de comentarios, bastante asombrosa:

> Al principio, el rey hizo grabados en la pureza excelsa. Una chispa de negrura surgió en lo sellado dentro de lo sellado, del misterio del Ayn Sof, una niebla dentro de la materia, implantada en un anillo, sin blanco, sin negro, sin rojo, sin amarillo, sin color alguno. Cuando midió con el patrón de medida, hizo que los colores dieran luz. Dentro de la chispa, en la parte más interna, surgió una fuente, de la cual los colores se pintan abajo; está sellada entre las cosas selladas del misterio de Ayn Sof. Penetró, pero no penetró en su aire. No se conoció en absoluto hasta que, por la presión de su penetración, brilló un punto único, sellado, excelso. Más allá de este punto no se conoce nada, por lo que se llama "resishit" [comienzo]: la primera palabra de todo...

El Zohar toma la primera frase del Génesis y produce un comentario alucinante sobre cómo se creó toda la materia del universo. Para algunos, esto suena a inspiración divina, mientras que para otros, a absoluta locura. Lo interesante de todo esto es que parte del lenguaje casi parece coincidir con las descripciones modernas utilizadas por los físicos cuando intentan describir el Big Bang.

Piense en ello. Según el Zohar, al principio no había nada hasta que una chispa de luz hizo estallar toda la realidad física en la existencia. Los físicos que describen el Big Bang están básicamente describiendo exactamente lo mismo. Los físicos sostienen que todo el universo estalló a partir de un punto finito, que era increíblemente denso (lo suficientemente denso como para contener la masa de todo el universo) y bajo una inmensa presión. Nótese cómo el Zohar menciona la "presión de su penetración". Para los cabalistas, ese punto finito místico del que surgió el universo es el "Ayn Sof, una niebla dentro de la materia".

Algunas otras discusiones en el Zohar también parecen describir lo que llamamos agujeros negros y otros descubrimientos cosmológicos que no tomarían forma en el mundo científico hasta hace poco. El Zohar se refiere a estos agujeros negros en el cosmos como "portales" hacia otros dominios. Aunque no se ha demostrado, algunos físicos estarían de acuerdo, ya que teorizan que los agujeros negros podrían ser en realidad pasadizos a universos paralelos.

Se crea o no, es fascinante cómo alguien pudo idear estas cosas varios siglos antes de que la ciencia ofreciera teorías que suenan sorprendentemente similares. Por otra parte, puede que los escritores del Zohar tuvieran suerte y, después de lanzar todo lo que pudieron a la pared metafísica, algo se quedara.

En cualquier caso, a finales del siglo XII, debido al dominio de los círculos cabalísticos en lugares como Francia y España, muchos intelectuales judíos que seguían la disposición más racional de Moisés Maimónides se encontraron abandonando los círculos académicos judíos por completo. Esto ocurrió especialmente en Europa, donde un gran número de personas abandonó las instituciones judías más tradicionales en favor de continuar su búsqueda de la filosofía y el pensamiento científico en instituciones católicas.

En este mundo de ideologías cambiantes, los cristianos eran más tolerantes con los judíos que los musulmanes. Los sefardíes volvieron a destacar en los campos de la medicina, las finanzas y el comercio. Pero este mismo éxito, sobre todo en el sector financiero, hizo que muchos españoles de a pie se resintieran con los judíos, ya que los veían como intrusos extranjeros que les quitaban recursos. Esta animosidad, además de otras cuestiones, llegaría a un punto álgido en la época de la Inquisición española.

Capítulo 11: La Inquisición española

"Los numerosos males a los que están expuestas las personas individuales se deben a los defectos existentes en las propias personas. Nos quejamos y buscamos alivio de nuestras propias faltas; sufrimos por los males que, por nuestra propia voluntad, nos infligimos a nosotros mismos y atribuimos a Dios, que está lejos de estar relacionado con ellos".

—Moisés Maimónides

La vida judía en España sufrió una gran metamorfosis en 500 años. A principios del siglo XI, vivían en la llamada "Edad de Oro" bajo gobernantes musulmanes benévolos que aceptaban su cultura y fe únicas. Desgraciadamente, estos señores musulmanes fueron sustituidos por practicantes del islam mucho más estrechos de miras y, a finales del siglo XII, los judíos se vieron obligados a huir para salvar la vida si querían seguir vivos y ser practicantes de la fe judía al mismo tiempo.

Muchos huyeron al norte de África, como el gran pensador judío Moisés Maimónides, pero otros encontraron el camino hacia el norte de España, donde permanecía el último bastión de la independencia cristiana en la península ibérica. Al principio, los cristianos del norte de España se mostraron tolerantes con los judíos e incluso acogieron con agrado sus conocimientos en campos como la medicina y las finanzas. Sin embargo, el control católico de España comenzó a aumentar y, en el siglo XIII, la llamada Reconquista —una cruzada para recuperar España de los conquistadores musulmanes— estaba en pleno apogeo.

Los anteriormente poderosos bastiones musulmanes de Córdoba y Sevilla fueron recuperados por los cristianos resurgidos, dejando solo el emirato musulmán de Granada en el sur de España. Granada sería finalmente derrotada en 1492, poniendo así fin oficialmente a la presencia musulmana en España. Mientras tanto, al restablecerse el dominio cristiano, comenzó a tomar forma una inquisición sobre los elementos no cristianos que acechaban bajo la superficie.

La Inquisición española, un "tribunal católico romano", se estableció inicialmente para cribar a los "herejes" que acechaban entre los judíos y los musulmanes que se habían convertido recientemente a la fe católica. Los sospechosos de cometer herejía al volver a su antigua fe eran sometidos al escrutinio de los inquisidores. Los acusados eran interrogados, a veces torturados, y a menudo se les dejaba en las mazmorras hasta que confesaban aquello de lo que se les acusaba. Era una situación sin salida para un converso acusado. Si confesaban, serían condenados como herejes, pero si no confesaban, serían asesinados o languidecerían en prisión.

Los conversos de todos los niveles y estaciones se vieron afectados por esta investigación sobre la verdadera naturaleza de su fe. Incluso la famosa Santa Teresa de Ávila, que procedía de una familia de conversos judíos, fue interrogada en alguna ocasión por la Inquisición española. Y mientras los judíos se enfrentaban a una intensa persecución, los cristianos españoles de la línea principal también sufrieron, ya que la Inquisición creó una atmósfera paranoica de sospecha y desconfianza. Si alguien daba un paso en falso, sus acciones podían ser malinterpretadas y denunciadas a las autoridades religiosas.

Hacia el final de la Inquisición, nadie estaba a salvo de su paranoia. Probablemente fue el autor ruso Fyodor Dostoevsky quien mejor captó la locura de la Inquisición en su poema "El gran inquisidor", en el que el propio Jesús regresa a la Tierra —a Sevilla, España, de hecho— solo para enfrentarse a un severo interrogatorio por parte del clero cristiano.

La situación llegó a ser tan grave que el propio papa intentó intervenir y limitar el alcance de las investigaciones sobre la herejía. Los abusos de los inquisidores provocaron una crisis masiva de refugiados entre los judíos sefardíes de España, y muchos de ellos volvieron a huir para salvar sus vidas. Muchos acabaron yendo hasta el este, a Turquía, donde se dice que el sultán turco otomano Bayezid II acogió a los judíos de todo corazón, ya que estaba encantado con la perspectiva de todos estos "médicos, arquitectos, hombres de negocios, financieros, inventores, mecánicos y artesanos" altamente educados que estaba recibiendo. Se dice que Bayezid se burló del rey de España, proclamando: "¡Fernando ha empobrecido su condado y ha enriquecido el nuestro!".

La verdad es que resultó ser una gran ayuda para el sultán, porque justo cuando los europeos estaban perfeccionando los primeros ejércitos basados en armas, los ingenieros judíos que habían sido expulsados de España llegaron a Turquía para ayudar a impartir estos conocimientos a los turcos. Curiosamente, fue justo cuando la Inquisición estaba calentando motores en 1492 cuando España se embarcó en lo que sería el mayor logro de la época al encargar a un marinero poco conocido llamado Cristóbal Colón que encontrara una nueva ruta a la India.

Unas décadas antes, en 1453, el Imperio bizantino había sido derrotado por los turcos otomanos, que se apoderaron de la gran ciudad de Constantinopla, transformándola finalmente en su propia capital, que rebautizaron como Estambul. Pero lo más apremiante para el resto del mundo era que esto significaba que las rutas terrestres que tradicionalmente pasaban por Bizancio estaban ahora bloqueadas por los hostiles turcos musulmanes que controlaban Constantinopla. Esto cortó efectivamente las antiguas rutas terrestres que formaban la Ruta de la Seda, que conducía a la India y China.

Como resultado, las potencias europeas se vieron obligadas a encontrar rutas alternativas a la India. Uno de los planes era navegar alrededor de la punta del sur de África, pero las aguas no eran seguras debido a los piratas que acechaban los mares. Colón propuso ir directamente hacia el oeste desde la costa de España y navegar hasta llegar al otro lado del mundo conocido, es decir, hasta llegar a la India. Colón, como la mayoría de los individuos cultos de la época, sabía que el mundo era redondo, aunque la teoría de la Tierra plana seguía siendo popular, especialmente entre las clases bajas. Colón sabía que no iba a navegar fuera del borde del planeta; en cambio, creía que si seguía hacia el oeste, acabaría en el este, con lo que conseguiría llegar a la India. Colón no sabía que la Tierra era bastante grande y que había un par de continentes en medio de su ruta hacia Oriente. Por no hablar de toda una multitud de personas a las que Colón llamaría erróneamente "indios" (realmente pensaba que estaba en la India).

Colón es una figura controversial hoy en día, teniendo en cuenta que no siempre trató a los habitantes nativos que encontró con la dignidad que merecían. Pero una cosa interesante sobre Colón es que su verdadero sueño era recaudar suficiente dinero para una nueva cruzada que retomara Israel. Colón era, en efecto, un cristiano apasionado, pero algunos sostienen que Cristóbal Colón era también un converso. Los historiadores se han esforzado por averiguar los detalles exactos de su vida, y su origen sigue siendo bastante misterioso. Algunos creen que Colón ocultó su origen a propósito debido a las connotaciones negativas que conllevaba ser un converso. Por supuesto, todo esto son conjeturas y, con suerte, algún día se podrá arrojar más luz sobre el pasado de Colón. Sin embargo, hay un hecho interesante que a menudo se pasa por alto. El viaje de Colón fue financiado en gran medida por dos destacados conversos españoles, Luis de Santángel y Gabriel Sánchez. Se dice que prestaron unos 17.000 ducados para la misión.

La tripulación de Cristóbal Colón también contaba con muchos conversos, entre ellos su afamado interruptor Luis de Torres. De hecho, Torres tiene la distinción de ser el primero de la tripulación en pisar tierra americana. Después de que Colón y su compañía avistaran tierra, Torres fue enviado a la orilla para explorar el terreno. En un momento dado, supuestamente vio un extraño y gran pájaro caminando en la distancia. Según la historia, Luis de Torres señaló el pájaro y exclamó la palabra hebrea para "pájaro grande", gritando: "¡Tukki! Tukki". Si se puede creer este relato, ¡fue debido a la aparente confusión de Luis de Torres que el pavo americano obtuvo su nombre!

Sea como fuere, el destino de los judíos que permanecieron en Europa fue bastante sombrío durante este periodo. Tras ser expulsados de España, muchos viajaron hacia el este, como ya se ha mencionado, algunos hasta Turquía, que estaba bajo el dominio de los otomanos. Sin embargo, muchos más se detuvieron lejos de las fronteras otomanas y se establecieron en Europa oriental.

Polonia, especialmente, se convirtió en un enclave de población judía. Gran parte de la inmigración coincidió con el reinado del rey Segismundo I de Polonia, que resultó ser un gran benefactor de los judíos. Su hijo, Segismundo II, que le sucedió en 1548, continuó en gran medida este trato benigno e incluso permitió cierto nivel de autonomía en la comunidad judía de Polonia.

Sin embargo, aquí se repite una vez más un ciclo trágico. Comenzó con las autoridades locales tolerando —incluso acogiendo— a los refugiados judíos, deseosos de las habilidades que podrían aportar. Pero, al cabo de unas décadas, los judíos volvieron a ser marginados y despreciados por su fe. Con el tiempo, al seguir siendo cada vez más oprimidos en Polonia, se les hizo vivir en secciones separadas de las ciudades polacas, que se llamaron guetos. Los miembros judíos de la diáspora solo podían esperar que llegara su día de emancipación.

Capítulo 12: La emancipación judía

"Tanto el Estado como la Iglesia tienen como objeto acciones, así como convicciones, las primeras en la medida en que se basan en las relaciones entre el hombre y la naturaleza, las segundas en la medida en que se basan en las relaciones entre la naturaleza y Dios".

—Moisés Mendelssohn

Desde su expulsión de Jerusalén y el comienzo de la diáspora, los filósofos judíos esperaban el día en que pudieran experimentar la plena emancipación, la normalización de la vida judía en una sociedad no dominada por los judíos. Fue en la época de la Ilustración europea cuando los intelectuales judíos tuvieron su propia ilustración, que llegó a conocerse como el movimiento de la Haskalah (que significa "sabiduría"), en el que el tema de la emancipación se debatió furiosamente de nuevo.

Los intelectuales discutían enérgicamente cómo podían conseguir la igualdad de derechos y pedían a quienes les escuchaban que "salieran del gueto". Los filósofos judíos que se oponían a la discriminación y a los estereotipos que se lanzaban contra ellos argumentaban que gran parte de estas críticas se debían a la forma en que se veían obligados a vivir. Argumentaban que si podían salir del gueto y llevar simplemente una vida normal, las relaciones entre judíos y no judíos mejorarían inmediatamente. Algunas naciones europeas escucharon los argumentos que se esgrimían, y Gran Bretaña, en particular, hizo algunos progresos en 1740, cuando el Parlamento aprobó una ley que permitía a los judíos naturalizarse como ciudadanos en las colonias británicas. A esto le siguió una ley de 1753 que otorgaba a los judíos el "derecho de naturalización" en la propia Gran Bretaña. Desgraciadamente, debido a la masiva protesta pública de la población no judía de Gran Bretaña, esta ley fue anulada al año siguiente, en 1754.

Justo en esta época, en 1729, surgió de un gueto de la ciudad alemana de Dessau uno de los mayores —y quizás más improbables— emancipadores judíos. Su nombre era Moses Mendelssohn. Mientras crecía en el gueto, Mendelssohn se curtió en las obras del gigante intelectual judío Moisés Maimónides, así como de un titán ilustrado de Inglaterra, John Locke. Curiosamente, Mendelssohn aprendió latín solo para leer a John Locke. Conocer el pensamiento de Locke abrió todo un mundo nuevo a este niño del gueto, y pronto se dirigió a Berlín, donde estudió filosofía en serio con los mejores pensadores de la Ilustración.

En el transcurso de sus estudios, Mendelssohn empezó a comprender que los confines del gueto limitaban el potencial judío y que la emancipación inmediata era necesaria. Creía firmemente que una de las claves de esta emancipación era conseguir que los judíos dominaran las lenguas europeas de sus países de acogida, como la lengua predominante donde él mismo vivía: el alemán. Para ayudar a sus hermanos en estos esfuerzos, emprendió la monumental tarea de traducir la Torá al alemán. Además, al darse cuenta de que muchos de los judíos del gueto no conocían las letras alemanas, Mendelssohn se dedicó a "transliterar palabras alemanas con letras hebreas".

Su Biblia transliterada en alemán/hebreo se extendió como un reguero de pólvora. Tan pronto como las generaciones más jóvenes del gueto comprendieron el alemán, comenzaron a aplicarse al alfabeto latino. La lectura y la escritura en alfabetos europeos finalmente se desbloquearon para ellos.

Además de sus esfuerzos por enseñar a los judíos las lenguas y las letras europeas, Mendelssohn también demostró ser un gran reformador religioso, ya que abogó por una especie de separación de la Iglesia y el Estado. Fue uno de los primeros en defender la idea de que los judíos debían separar las enseñanzas rabínicas de la educación general. También defendió que "la infracción de una ley religiosa" debía considerarse una "ofensa individual" y "no una ofensa del Estado".

Muchos dentro de la comunidad judía abrazaron las ideas de Mendelssohn, pero sus hermanos más ortodoxos consideraron sus enseñanzas como traicioneras y corruptoras de la fe. Se le tachó de "Fausto judío que hace un trato con el diablo, dispuesto a comer los frutos de la civilización occidental al precio de perder su alma judía". Su traducción de la Torá al alemán tampoco fue muy apreciada. El aclamado rabino Ezequiel Landau de Praga la denunció directamente como un "peligro para el judaísmo". Sin embargo, las ideas de Mendelssohn, tanto de la Ilustración como de la reforma, atrajeron a las generaciones más jóvenes y sentaron las bases para la reforma más amplia que tendría lugar más tarde dentro del judaísmo.

Mientras Mendelssohn provocaba un renovado debate en el mundo judío de habla alemana, Francia estaba en medio de su propia reforma, una reforma del viejo orden que pronto llevaría a una revolución total. Se calcula que había unos 50.000 judíos en Francia en aquella época, y muchos de ellos eran de origen sefardí, tras haber sido expulsados de España en la purga de 1492. En los albores de la Revolución francesa, estos judíos obtuvieron por primera vez la plena ciudadanía, es decir, la emancipación total. Pero la Revolución francesa resultó ser increíblemente inestable. Después de que el rey francés perdiera literalmente la cabeza, varios otros perdieron también la suya en rápida sucesión cuando el terror de la guillotina francesa se impuso. De este caos surgió un general francés convertido en emperador: el famoso Napoleón Bonaparte.

Muchos judíos temían perder sus nuevas libertades bajo Bonaparte, pero resulta que, por muy despótico que fuera Napoleón en otros aspectos de su reinado, era un entusiasta partidario de la emancipación judía. Demostró este sentimiento poco después de tomar el poder al solicitar una "Asamblea de Notables Judíos" para reunirse con él y discutir el futuro de los judíos en su imperio. Durante la discusión, se planteó el papel de los rabinos en los guetos, y se preguntó a los líderes judíos si tenían algún "poder policial" especial sobre la población y si su autoridad se derivaba de la "ley judía" o simplemente era un hábito derivado de la "costumbre". La asamblea judía declaró que el poder que los rabinos ejercían habitualmente sobre los habitantes de los guetos judíos no estaba sancionado por la ley judía, sino que era simplemente una costumbre que se había desarrollado con el tiempo.

Esta admisión desempeñaría un papel fundamental en la emancipación, ya que marcó el inicio del cambio de la autoridad rabínica, que pasó de controlar directamente al público judío a ser simplemente un guía espiritual. Según el famoso erudito judío Max Dimont, "Para los judíos de Europa, este reconocimiento de su propio poder inherente [de autodeterminación] sobre los rabinos fue un shock".

La emancipación judía durante este periodo fue un proceso de dos etapas, ya que los judíos necesitaban emanciparse tanto desde dentro como desde fuera. Napoleón demostró que estaba dispuesto a derribar los muros físicos de los guetos, y los líderes judíos tomaron entonces la determinación de deconstruir las barreras psicológicas que habían existido desde el comienzo de la diáspora.

Los líderes judíos habían guiado durante mucho tiempo a su rebaño a través de un mundo a menudo hostil en el que tenían que permanecer separados y en guardia por una cuestión de pura supervivencia. Ahora daban el audaz paso de liberar a sus pupilos. La emancipación había llegado. Los judíos bajo dominio francés se sentían ahora libres para mezclarse con sus conciudadanos no judíos y trabajar junto a ellos para mejorar la sociedad.

En otro giro interesante, Napoleón sancionó la creación de un Sanedrín restaurado. En la antigüedad, el Sanedrín era la versión judía de un tribunal supremo. Era la primera vez que esa institución existía desde que fue abolida por los romanos casi 1.800 años antes. Aunque los judíos estaban, por supuesto, bajo la autoridad del Imperio francés de Napoleón —un hecho que se afirmó fácilmente durante la reunión—, el mero simbolismo de la restauración de una institución de este tipo provocó una conmoción en toda la comunidad judía. Como dijo Max Dimont, "para los judíos de Europa Occidental, la afirmación del Sanedrín fue un toque de shofar que derribó los muros de sus guetos".

Napoleón también estaba satisfecho, ya que había conseguido acabar con los posibles focos de resistencia a su imperio y, en cambio, los había puesto directamente bajo su dependencia. De hecho, Napoleón estaba tan contento que mandó crear una "moneda conmemorativa" en reconocimiento del acontecimiento, en la que el propio Napoleón aparece representado como una especie de "Moisés imperial con ropas regias" oficiando la ocasión.

La humildad nunca fue el punto fuerte de Napoleón. Sin embargo, a pesar de toda su arrogancia, en 1815, Napoleón se enfrentó a su derrota final en Waterloo, y el Imperio francés dejó de existir. Sin embargo, la emancipación judía que ayudó a encender continuaría desarrollándose. En particular, las reformas que se habían iniciado en Francia comenzaron a abrirse camino a través del Rin hacia Alemania. Pronto, las congregaciones de Berlín introdujeron cambios en su forma de actuar. En lugar de hebreo, la congregación hablaba la lengua local, el alemán. También se trasladaron los servicios a los domingos en lugar de los sábados, y se eliminaron las restricciones anteriores sobre el trabajo durante el Shabat (también conocido como Sabbath). Y lo que es más importante, antepusieron la ética a los rituales y tradiciones dogmáticas.

Los reformistas alemanes fueron fundamentales en esta transformación de la fe judía, pero fue cuando empezaron a emigrar a Estados Unidos cuando realmente comenzaron a revolucionar el judaísmo. A finales del siglo XIX, el judaísmo reformista era, con mucho, la forma de judaísmo más dominante en los Estados Unidos de América, y hoy en día constituye la segunda rama más grande del judaísmo en el planeta.

La emancipación de los judíos requirió varios pasos para llegar a buen puerto. Y algunos de los más importantes surgieron del propio seno de la comunidad judía.

Capítulo 13: Con la mirada puesta en Sión

"La cuestión judía existe dondequiera que vivan los judíos, por pequeño que sea su número. Donde no existe es importada por los inmigrantes judíos. Naturalmente vamos donde no somos perseguidos, y, aun así, la persecución es el resultado de nuestra aparición. Por la persecución no podemos ser exterminados. Los judíos fuertes se vuelven orgullosos de su raza cuando estalla la persecución. Ramas enteras del judaísmo pueden desaparecer, romperse; el árbol vive".

—Teodoro Herzl

Cuando el siglo XIX dio paso al siglo XX, el imperialismo estaba en marcha. El sol no se ponía en el Imperio británico, y Francia tenía colonias tan lejanas como Vietnam. Japón también estaba construyendo un imperio en el Pacífico, aunque Estados Unidos intentaba imponer su dominio en el terreno. Mientras tanto, el mundo de habla alemana estaba formado por las dos grandes potencias centrales de Alemania y el Imperio austrohúngaro. El Imperio ruso de Europa Oriental/Eurasia y el Imperio otomano de Oriente Medio constituían gran parte del resto.

El mundo estaba dividido en varios conglomerados, que se mantenían unidos más por el deseo de un imperio que por otra cosa. Este mundo del imperialismo se vería sacudido hasta el fondo cuando, en 1914, un joven bosnio asesinó al heredero presunto al trono austrohúngaro, Francisco Fernando, y a su esposa mientras visitaban la ciudad de Sarajevo. Fue un acontecimiento localizado que tendría repercusiones a escala mundial. Austro-Hungría acabó declarando la guerra a Serbia, Rusia declaró la guerra a Austro-Hungría, Alemania declaró la guerra a Rusia, y Gran Bretaña y Francia declararon la guerra a Alemania. Esta escalada continuó hasta que prácticamente todo el planeta estuvo en guerra entre sí.

La diáspora judía se vio afectada por el estallido de la Primera Guerra Mundial de múltiples maneras. En el este de Europa, la gran concentración de comunidades judías se vio directamente afectada debido a la masiva lucha entre Rusia y las fuerzas de Alemania y Austria. Polonia, en particular, sufrió mucho, ya que en esa época formaba parte del Imperio ruso. Pero quizás fue en Rusia donde los judíos sufrieron más.

Incluso antes de la guerra, el zar Nicolás II había llevado a la nación a la ruina. La economía rusa se hundía, y la discordia era bastante común en las calles. En 1905, se organizó una protesta masiva en el Palacio de Invierno, con rusos comunes y corrientes que intentaban llamar la atención de su gobernante. La gente creía que el zar estaba demasiado distante y que no sabía ni entendía por lo que estaban pasando. Pensaban que si lograban llegar a él y sensibilizarlo, intentaría aliviar los problemas del ruso promedio.

Pero en lugar de mostrar alguna simpatía o comprensión, el zar llamó a las tropas, quienes de hecho abrieron fuego contra la multitud, dispersándola a base de sangre y balas. El régimen del zar Nicolás trató entonces de darle la vuelta al guión pulsando las teclas del antisemitismo en un intento de convertir a los judíos en chivos expiatorios de los problemas de la sociedad rusa. La policía secreta del zar, la Okhrana, incitó a los rusos a ejercer la violencia contra la población judía como medio para distraerlos de sus verdaderos problemas.

Esto condujo a una persecución generalizada en Rusia, e incluso cuando la policía se molestaba en arrestar a los rusos que atacaban a los residentes judíos, el zar solía conceder clemencia a los agresores. Pero la mayoría vio a través de esta artimaña. Sabían que los problemas a los que se enfrentaban no eran culpa de los rusos judíos, sino de los que estaban al mando. Fue en este estado miserable, despiadado y vengativo que el Imperio ruso llegó tambaleándose a la Primera Guerra Mundial.

Rusia, a pesar de ser mucho más grande y poblada que sus enemigos, demostró que estaba tan mal preparada como podía estarlo. Y una vez que la lucha dio un giro para peor, con los alemanes a punto de derrotar al gigante ruso, una revolución interna en 1917 transformó el Imperio ruso en lo que se convertiría en la Unión Soviética dirigida por los comunistas.

Muchos han alegado desde entonces, y todavía hoy, que los comunistas en Rusia tenían una destacada influencia judía. Pero esto simplemente no es cierto. La única figura judía prominente en la Revolución rusa fue León Trotsky, y más tarde fue condenado al ostracismo y exiliado del resto de los comunistas rusos, que ciertamente no eran judíos. En realidad, gran parte de la conspiración en relación con los judíos y el comunismo proviene del simple hecho de que el hombre que creó el comunismo, Karl Marx, era judío. Marx nació efectivamente como judío, pero eso no significa nada. Que el padre del comunismo fuera judío no significa que tuviera seguidores judíos. Al contrario, la mayoría de los seguidores de Karl Marx eran de origen no judío. Y aunque el propio Marx fuera de origen judío, no era ciertamente un judío practicante. Marx ridiculizaba el judaísmo y era un ateo declarado. A su vez, la mayoría de los judíos de su época (Marx vivió en el siglo XIX) lo repudiaron.

En cualquier caso, como es habitual, los judíos fueron los que más sufrieron en la agitación de la Revolución rusa. Al parecer, en la sociedad rusa de la época, los judíos se encontraban a menudo en el punto de mira de las sospechas de múltiples bandos. Según un contemporáneo, los judíos eran perseguidos "por los polacos porque eran bolcheviques [y] por los bolcheviques porque no lo eran". En otras palabras, cada uno de los bandos de la lucha ideológica consideraba al judío como el "otro" y, en consecuencia, lo trataba terriblemente. Los judíos eran vistos inevitablemente como el extranjero y el forastero, y se les acusaba de urdir complots y conspiraciones contra las sociedades en las que vivían.

Cuando Alemania finalmente perdió la Primera Guerra Mundial, surgieron los mismos sentimientos tristes en los alemanes, que de alguna manera sentían que los judíos eran responsables de su pérdida. Se sabe que el propio Kaiser Wilhelm II hizo la observación de que Alemania había recibido una "puñalada por la espalda por parte de los judíos y los especuladores". Él y los que eran como él parecían pensar que había una especie de cábala judía detrás de la guerra, que de alguna manera se beneficiaba del derramamiento de sangre.

Pero en realidad, los judíos de Alemania sirvieron en las fuerzas armadas con tanto valor y patriotismo como cualquier otro alemán durante la guerra. No obstante, se sembraron las semillas del antisemitismo. Y fue poco después de que la Primera Guerra Mundial llegara a su fin que un veterano desempleado y desilusionado del Frente Occidental llamado Adolfo Hitler comenzó a pregonar sus propias creencias antisemitas a todos los que quisieran escucharlo. También él repetía como un loro la opinión del Káiser de que eran los judíos los que de alguna manera habían debilitado a Alemania y permitido su desastrosa derrota en la guerra. Sin embargo, Hitler llevó su antisemitismo aún más lejos al abogar abiertamente por la expulsión de todos los judíos de la sociedad alemana.

Muchos judíos de la diáspora percibían lo precaria que era su situación, y aunque a numerosos judíos les iba bien en general en lugares como Europa y Estados Unidos, había una gran sensación de vulnerabilidad debido a la falta de una patria propia para el pueblo judío. Incluso antes de la guerra, había surgido un movimiento popular llamado sionismo entre algunos miembros de la diáspora, que abogaba por un esfuerzo concertado para que los judíos volvieran a su patria judía de Israel. El término "sionismo" proviene de "Sion", nombre hebreo de la ciudad de Jerusalén. El fundador del sionismo fue un judío austriaco llamado Theodor Herzl. Debido a los crecientes casos de antisemitismo en Europa, Herzl estaba absolutamente convencido de que el pueblo judío no estaría seguro hasta que no tuviera una patria a la que llamar propia.

Herzl organizó el Primer Congreso Sionista en 1897, en el que él y sus colegas discutieron las posibilidades de un futuro estado judío. Pocos años después, el 17 de mayo de 1901, Herzl realizó una visita al Imperio otomano para hablar con el sultán Abdul Hamid II sobre las perspectivas de crear un estado judío en Palestina. Herzl ofreció a sus sionistas recaudar dinero para aliviar parte de la creciente deuda externa de los otomanos a cambio del acuerdo. Pero el sultán no estaba muy entusiasmado con la propuesta.

En 1903, Herzl intentó negociar un acuerdo con otro actor de poder en la escena mundial, el papa Pío X. Sin embargo, el Vaticano mantuvo que la política de la Iglesia Católica era no permitir el regreso de los judíos a Tierra Santa mientras "negaran la divinidad de Cristo". No está claro hasta qué punto el Vaticano podría haber ayudado realmente a Herzl y a su colega aunque lo hubieran querido, pero este rechazo igualmente debió de ser duro de aceptar. Es interesante observar la posición que adoptó la Iglesia católica en aquella época, ya que la mayoría de los cristianos de hoy en día querrían que se creyera que el hecho de que Israel se convirtiera en un Estado cumplía lo que estaba escrito en las Escrituras, en lugar de negarlo.

Herzl falleció en 1904 sin que se cumpliera su sueño, pero sus compatriotas siguieron adelante. Tras la muerte de Theodore Herzl, continuó el debate sobre la forma en que los judíos podrían obtener un mayor acceso a Palestina. Los inmigrantes habían llegado lentamente durante décadas, comprando tierras a los lugareños que a menudo les cobraban de más, pero esas escasas ganancias no eran una forma de crear una nación. Tenía que ocurrir algo grande para que fuera posible una afluencia masiva de inmigrantes judíos.

El verdadero cambio para la causa sionista se produjo después de la Primera Guerra Mundial, con la desintegración del Imperio otomano. Durante unos 500 años, el Imperio otomano musulmán había controlado la tierra de Israel/Palestina. Los otomanos, cuya sede de poder estaba en lo que hoy llamamos Turquía, tuvieron en su momento un vasto imperio que controlaba todo Oriente Medio y el norte de África. Sin embargo, los otomanos eligieron el lado perdedor de la guerra, ya que unieron sus fuerzas a las de Alemania y Austro-Hungría, y pagaron el precio de ello.

El Imperio otomano murió y su cadáver fue desmembrado. Tras su caída, los británicos tomaron el control de la región, que entonces se conocía como el Mandato Británico de Palestina. A los británicos les correspondía decidir qué hacer con este territorio, que tanto significaba para las tres principales religiones monoteístas del planeta: el islam, el cristianismo y el judaísmo.

Los sionistas tuvieron bastante éxito presionando al gobierno británico y, en 1917, el secretario de Asuntos Exteriores británico, Arthur James Balfour, hizo una solemne declaración de apoyo británico a un "hogar judío en Palestina". Para ser claros, aunque eran una minoría, los judíos ya vivían en Palestina en esa época. La inmigración judía independiente había aumentado desde el siglo XIX, y se calcula que unos 75.000 se trasladaron a Palestina entre 1882 y 1914.

Tras el final de la Primera Guerra Mundial, la inmigración al Mandato Británico de Palestina se incrementó de forma espectacular. Después de la guerra, se celebró el Duodécimo Congreso Sionista en 1921, en el que se discutieron activamente los planes de posguerra para lo que ahora era el Mandato Británico de Palestina. Una de las principales preocupaciones que se trataron fue el estado de las relaciones entre judíos y árabes. Este diálogo dio como resultado que el Congreso aprobara "una propuesta para una entente árabe-judía" para "forjar un verdadero entendimiento con la nación árabe".

A medida que la inmigración judía aumentaba en Palestina en la década de 1920, las relaciones entre judíos y árabes eran bastante buenas al principio. Sin embargo, de forma lenta, pero segura, empezó a arraigar un sentimiento de nacionalismo palestino y árabe que rechazaba cualquier noción de reclamación judía de Tierra Santa. Este nacionalismo pronto provocó el resentimiento de los judíos antes de evolucionar hacia manifestaciones antijudías directas.

Estas manifestaciones estallarían de forma horrible en los llamados "disturbios árabes" de 1929. Los disturbios parecieron estallar espontáneamente y duraron del 23 al 29 de agosto. En el transcurso de estas protestas, los judíos fueron atacados sistemáticamente y sus propiedades fueron destruidas en lo que solo puede describirse como la versión árabe de la *Kristallnacht* alemana ("Noche de los cristales rotos"). Los residentes judíos se vieron obligados a huir para salvar sus vidas, y los que no pudieron huir fueron asesinados. En total, 133 judíos fueron asesinados antes de que cesaran los disturbios. En el transcurso del conflicto, también murieron unos 116 árabes, principalmente a manos de las autoridades británicas que intentaron detener la violencia.

En total, diecisiete asentamientos judíos tuvieron que ser evacuados directamente. Fue sin duda un espectáculo terrible, y ciertamente no lo que muchos inmigrantes judíos esperaban al llegar a su patria ancestral. Querían que Israel/Palestina fuera un refugio pacífico, no un lugar de violencia. Sin embargo, después de que el

Partido Nazi de Hitler llegara al poder en Alemania en 1933, para muchos judíos la llamada a volver a Israel/Palestina se hizo aún más fuerte.

Mientras tanto, los británicos se lo estaban pensando. A pesar de las promesas anteriores de asegurar una patria en Palestina para los judíos, los británicos se vieron sorprendidos por el vehemente resentimiento árabe que había surgido. Por ello, empezaron a dar marcha atrás en su trato y trataron de resolver la restricción de la inmigración judía al tiempo que apaciguaban a los residentes árabes. El resultado fue el llamado "Libro Blanco de 1939", presentado por el gobierno británico. En él se declaraba la intención de "reducir la inmigración judía a 15.000 al año durante cinco años y luego detenerla por completo, con el objetivo de congelar a los judíos en una minoría permanente" en Palestina. Para los judíos que querían crear un estado judío, ser forzados a un estatus de "minoría permanente" no era ciertamente lo que habían planeado.

Poco después de que se emitiera esta declaración sobre el asentamiento judío en Palestina, estalló la Segunda Guerra Mundial. Casi inmediatamente, los árabes, que albergaban odio contra los judíos, empezaron a ponerse del lado de Hitler y las potencias del Eje. Es una verdad incómoda que a muchos no les gusta sacar a relucir, pero los árabes palestinos apoyaron efectivamente a los nazis. El líder de los palestinos, el llamado "Gran Muftí" Mohammed Amin al-Husseini, fue a Alemania y se reunió personalmente con Hitler. Durante su conferencia, los nazis estaban considerando la "cuestión judía" en Europa, y supuestamente pidieron consejo al Gran Muftí. Cuando le preguntaron al líder palestino: "¿Qué debemos hacer con los judíos?", se dice que el Gran Muftí respondió fríamente: "Quemarlos".

Ahora bien, no se trata de sugerir que el Gran Muftí de Palestina inspiró a los nazis a cometer el Holocausto, pero al mismo tiempo, no se puede negar el odio descarado que demostró el Gran Muftí durante este intercambio. El primer ministro de Israel, Benjamín

Netanyahu, generó controversia en 2015 al afirmar que el Gran Mufti tuvo un papel decisivo en el Holocausto. Netanyahu pronunció un discurso en el Congreso Sionista Mundial de ese año en el que afirmó: "Hitler no quería exterminar a los judíos en ese momento; quería expulsar a los judíos. Y [entonces] Amin al-Husseini fue a ver a Hitler y le dijo: 'Si los expulsa, vendrán todos aquí'. 'Entonces, ¿qué debo hacer con ellos?' preguntó [Hitler]. [Husseini] dijo: 'Quémalos'".

Sin embargo, la mayoría de los historiadores estarían en desacuerdo con la idea de que el destino de los judíos europeos se decidió con esa palabra. En general, se cree que la insidiosa "solución final" que idearon los alemanes ya estaba decidida antes de que Hitler se reuniera con el Gran Mufti y que su encuentro tenía más o menos fines propagandísticos. El Gran Mufti viviría más tarde en Alemania hacia el final de la guerra, y de hecho se convertiría en un propagandista principal, que los nazis utilizaron como herramienta de reclutamiento para los musulmanes en lugares como Yugoslavia para atraer a los lugareños a unirse a las tropas nazis en el Frente Oriental.

Benjamin Netanyahu, que es judío, fue condenado rotundamente por la sugerencia, y su líder de la oposición en Israel, Isaac Herzog, llegó a declarar: "Se trata de una peligrosa distorsión histórica y exijo a Netanyahu que la corrija de inmediato, ya que minimiza el Holocausto, el nazismo y el papel de Hitler en el terrible desastre de nuestro pueblo".

El horror del Holocausto fue sancionado oficialmente por el régimen nazi el 20 de enero de 1942, en la Conferencia de Wannsee, que tuvo lugar en las afueras de Berlín. La reunión estuvo encabezada por Reinhard Heydrich, quien presentó un plan para trasladar a los judíos en masa a los campos de concentración que acababan de establecerse en la Polonia recién conquistada y ocupada por los alemanes. El primer asesinato masivo conocido por medio de gas se produjo entonces en el "campo de Belzec", a las afueras de la ciudad de Lublin, el 17 de marzo.

Tal y como estaba previsto, Polonia se convirtió en la sede de varios campos de exterminio, que incluirían Sobibor, Treblinka, Chełmno, Majdanek y, por supuesto, el infame Auschwitz. Los judíos, además de otros grupos minoritarios, fueron enviados a estos campos. El mayor grupo que fue llevado a los campos de exterminio de una sola vez ocurrió a finales de 1942, cuando 300.000 judíos fueron sacados del gueto de Varsovia y enviados a los campos de exterminio. Al final de la guerra, en 1945, se calcula que unos seis millones de judíos perecieron en campos de concentración. Los alemanes trataron de encubrir sus crímenes, pero como se puede imaginar, el asesinato de seis millones de personas no es algo que se pueda ocultar fácilmente.

Sin embargo, cuando empezaron a filtrarse informes a la inteligencia aliada sobre lo que estaba ocurriendo en el territorio ocupado por los nazis, muchos no lo creyeron. Los relatos sonaban demasiado terribles para creerlos. Muchos pensaron que seguramente las historias de genocidio eran una exageración y que seguramente un estado europeo avanzado como Alemania no se dedicaría a la liquidación sistemática de todo un grupo de personas. Pero, lamentablemente, los informes no eran exagerados, y hacia el final de la guerra, cuando los aliados comenzaron a liberar los campos, vieron con sus propios ojos los horrores que se habían infligido a los grupos minoritarios.

Todavía es difícil entender cómo pudo ocurrir algo así. ¿Cómo pudo una sociedad civilizada y moderna permitir que ocurrieran cosas tan terribles? En el tribunal de crímenes de guerra de Nuremberg, la mayoría dijo que simplemente cumplían órdenes. Edmund Burke, un filósofo irlandés que vivió en el siglo XVIII, dijo una vez: "Lo único necesario para el triunfo del mal es que los hombres buenos no hagan nada". El Holocausto parece dar crédito a esa noción porque muy pocos hablaron en contra de lo que ocurría en Alemania en ese momento.

Aunque el Holocausto se ordenó en 1942, en realidad tuvo lugar en varias etapas. En primer lugar, los judíos fueron marginados política y económicamente, y a continuación se les recluyó en varios campos de prisioneros y guetos. Después se crearon los campos de exterminio, donde los judíos fueron enviados en masa. Los campos de exterminio se disfrazaban de campos de trabajo y los judíos eran obligados a trabajar en ellos. Desconectados de sus amigos, su familia y su esperanza, los reclusos eran obligados a trabajar en una pesadilla interminable. En Auschwitz, los recibían con las infames palabras "Arbeit Macht Frei", grabadas en las puertas. En español, esto se traduce como "¡El trabajo te hace libre!". Esta fue otra crueldad irónica impuesta a los reclusos porque los nazis sabían que la única manera de que los judíos obtuvieran la libertad era a través de la muerte. Aquellos que no murieran literalmente trabajando, acabarían cumpliendo la cuota nazi de liquidación y serían gaseados en grupos cuidadosamente calculados.

Aunque seguramente algunos lo sospecharon, a ninguno se le dijo lo que les iba a ocurrir. Los nazis eran tan insidiosos que crearon cámaras de gas con la fachada de ser duchas públicas. Separaban a los judíos por sexos y los enviaban a las "duchas", diciéndoles que era simplemente un procedimiento rutinario para desinfectarles de posibles parásitos. Pero cuando los nazis accionaban el interruptor, en lugar de salir agua por la boquilla de la ducha, salía gas venenoso. Solo al final, mientras jadeaban, muchos comprendieron lo que realmente les estaba ocurriendo.

La locura solo terminó cuando los soviéticos consiguieron reunir sus fuerzas y expulsar a los alemanes de Polonia. De hecho, fue la Unión Soviética quien liberó Auschwitz en enero de 1945. Las tropas soviéticas recordarían más tarde la espeluznante sensación de entrar en el recinto que los nazis acababan de abandonar momentos antes. Al principio, pensaron que el complejo estaba vacío, pero tras una revisión superficial de las instalaciones, se asombraron al encontrar miles de judíos demacrados —sobrevivientes del Holocausto— todavía en el campo. Un soldado soviético que estaba allí ese día, un hombre llamado Georgi Elisavetski, recordaría ese momento durante el resto de su vida. Recordaría para siempre las reacciones de los supervivientes de piel y hueso cuando se dieron cuenta de que estaban realmente libres de los horrores que les habían infligido. Según Georgi, "se abalanzaron hacia nosotros gritando, cayeron de rodillas, besaron las solapas de nuestros abrigos y nos rodearon las piernas con sus brazos".

Poco después de que los soviéticos liberaran Auschwitz, pasaron a liberar los centros de exterminio de Treblinka, Sobibor y Belzec. Las tropas aliadas también encontraron y liberaron los miserables campos de exterminio de Dachau, Mauthausen, Buchenwald, Dora-Mittelbau, Flossenbürg, Neuengamme y Bergen-Belsen. En total, estos campos de exterminio se cobraron la vida de unos seis millones de judíos, así como más de once millones de muertes de otros grupos minoritarios. Según Martin Gilbert, historiador británico, esta cifra representaba aproximadamente un tercio de los judíos del mundo. Sin embargo, de las cenizas del terrible Holocausto nacería una nueva nación.

Capítulo 14: La creación del Estado moderno de Israel

"Todo sucedió muy rápido. El gueto. La deportación. El vagón de ganado sellado. El altar de fuego sobre el que la historia de nuestro pueblo y el futuro de la humanidad estaban destinados a ser sacrificados".

—Elie Wiesel

Los primeros sionistas de finales del siglo XIX y principios del XX llevaban mucho tiempo argumentando que los judíos nunca estarían a salvo a menos que se estableciera su propia patria. El Holocausto, por supuesto, pareció demostrar de forma dramática lo acertado de esas afirmaciones.

Inmediatamente antes del estallido de la Segunda Guerra Mundial, los británicos, que controlaban el llamado "Mandato Británico de Palestina", habían restringido severamente la inmigración judía a Israel. Pero incluso después de la guerra y de que los horrores del Holocausto fueran revelados al mundo, los británicos seguían vacilando en su compromiso con la fundación de una nación judía. Pronto fue evidente para los líderes judíos que tendrían que forzar la cuestión ellos mismos. Y pronto, desafiando el llamado "Libro Blanco" de los británicos que restringía su acceso, los judíos de

Europa, muchos de ellos supervivientes del Holocausto, empezaron a fletar sus propios barcos para navegar "por canales ilegales" hacia la Palestina controlada por los británicos.

Con esta nueva afluencia de judíos, los árabes volvieron a reaccionar con violencia, pero los judíos que acababan de sobrevivir a la Segunda Guerra Mundial y al Holocausto estaban más que preparados para contraatacar, y devolvieron ferozmente todos los golpes que les asestaron. Para muchos, la creación de un Estado judío se consideraba una clara necesidad para la supervivencia, y no iban a dar marcha atrás. Para ellos, era todo o nada.

Las cosas llegaron a un punto crítico en 1947 cuando, debido al creciente caos que había estallado, los británicos finalmente hicieron un llamamiento a las recién creadas Naciones Unidas para que les quitaran de encima el problemático asunto. Las Naciones Unidas enviaron un equipo de expertos para investigar lo que estaba ocurriendo y, tras seis meses de estudio del asunto, recomendaron una "partición de Palestina en un Estado judío y un Estado árabe, con Jerusalén como ciudad internacional".

En noviembre de 1947, la ONU votó a favor de la partición de Palestina, con el respaldo de la Unión Soviética y los Estados Unidos. Con esto en marcha, los británicos anunciaron entonces que abandonarían la región en mayo de 1948. Los colonos judíos, por su parte, dejaron claros sus planes al anunciar su independencia a pesar de que los líderes árabes declararon que "echarían a los judíos al mar".

A raíz de estos acontecimientos comenzó el llamado "éxodo palestino". Las causas del éxodo palestino siguen siendo objeto de un intenso debate en ambos lados del conflicto. Las fuentes oficiales aún no están seguras de si los palestinos fueron expulsados o se fueron por voluntad propia; también es muy posible que fuera una combinación de ambos factores. Sin embargo, el hecho es que en el mes de mayo, en el período previo a la declaración de Estado de

Israel en 1948, unos 750.000 palestinos abandonaron sus hogares, cruzando hacia el territorio controlado por los árabes.

La parte pro-israelí de este debate insiste en que los judíos no tuvieron nada que ver con la salida de los palestinos. De hecho, afirman que se hicieron esfuerzos para convencerlos de que se quedaran. Este lado del debate hace la afirmación de que los líderes árabes "ordenaron" a los civiles palestinos que "abandonaran el campo" con el fin de despejar el camino para que los ejércitos árabes pudieran asaltar las posiciones israelíes sin ningún obstáculo. También se ha sugerido que los palestinos simplemente no querían vivir bajo un gobierno controlado por los judíos y, por tanto, se marcharon en cuanto se declaró la condición de Estado de Israel.

Según esta teoría, los líderes árabes prometieron a los palestinos que podrían regresar a sus hogares tan pronto como las fuerzas judías fueran derrotadas. Los que creen en esta versión de los hechos sostienen que la crisis de los refugiados se creó, por tanto, cuando los líderes árabes, que estaban seguros de que Israel sería "expulsado al mar", fueron derrotados, lo que les impidió cumplir sus promesas.

Sin embargo, muchos palestinos insisten en que la razón por la que huyeron fue la agresión israelí. Se ha afirmado que, incluso antes de la declaración de Estado de Israel en 1948, los grupos paramilitares israelíes expulsaban sistemáticamente a los palestinos del territorio. Israel niega que esto haya ocurrido. Todo esto, por supuesto, sigue siendo objeto de un acalorado debate entre ambas partes del conflicto y, por el momento, no conocemos toda la verdad. El hecho es que los palestinos, que habían vivido en la región durante siglos, abandonaron el único hogar que conocían (al igual que los judíos en su día), y muchos siguen desplazados hoy en día. Más de la mitad de los que viven fuera de lo que una vez fue Palestina son apátridas, es decir, no tienen ciudadanía en ningún país. Los palestinos han reclamado el "derecho al retorno", que, como su nombre indica, exige que los palestinos recuperen sus tierras. Es más que probable que esto sea un factor importante en cualquier posible acuerdo de paz futuro entre Israel y Palestina.

El 14 de mayo de 1948, el estadista judío y posterior primer ministro David Ben-Gurion anunció la creación del Estado de Israel. Pocas horas después, el presidente de Estados Unidos, Harry S. Truman, reconoció oficialmente el nuevo Estado de Israel, convirtiendo a Estados Unidos en el primer país en hacerlo. Sin embargo, el mismo día en que se declaró la condición de Estado de Israel, los ejércitos de los países árabes vecinos estaban en marcha. Egipto, Jordania, Siria y Líbano atacaron a Israel desde todos los flancos, amenazando con cumplir su amenaza de echar a los recién llegados israelíes al mar.

Más allá de todo pronóstico, los judíos, superados en número y rodeados, fueron capaces de montar una contraofensiva que detuvo a los jordanos, que habían entrado en Jerusalén desde el este, y frenó a los egipcios, que avanzaban por el sur. Los sirios, mientras tanto, fueron totalmente diezmados, y los libaneses se vieron obligados a regresar al Líbano. Fue en este momento, justo cuando Israel estaba a punto de obtener aún más ganancias territoriales, cuando las Naciones Unidas intervinieron y negociaron una tregua.

Al cesar el conflicto, Israel era más fuerte que nunca. La única victoria real del lado árabe fue el hecho de que Jordania consiguió conservar Cisjordania, que se anexionó oficialmente en 1950. Jordania acabaría renunciando al territorio tras su desastrosa derrota en la guerra de los Seis Días.

La guerra de los Seis Días tuvo lugar en 1967 y duró del 5 al 10 de junio, literalmente seis días. En este conflicto, Israel se enfrentó de nuevo a una multitud de naciones árabes. Los principales protagonistas fueron Egipto, Siria y Jordania, con el apoyo adicional de Irak y Líbano. Una vez más, Israel aplastó a todos sus oponentes, haciéndolo en un tiempo récord. Esta victoria permitió a Israel obtener un control limitado de Cisjordania y la Franja de Gaza.

Esta guerra llevaría a otra, ya que las naciones árabes intentaron recuperar el territorio. Este nuevo conflicto fue conocido como la guerra de Yom Kippur, llamada así porque comenzó durante la festividad judía del mismo nombre, y se inició en 1973. La guerra comenzó cuando los ejércitos egipcio y sirio lanzaron un ataque simultáneo a través de la península del Sinaí en el sur y de los Altos del Golán en el norte de Israel. Israel logró contener a los egipcios, pero los sirios obtuvieron algunos éxitos iniciales en la batalla. Los israelíes consiguieron recuperarse y, al cabo de unos días, hicieron retroceder a los sirios hasta la capital siria, Damasco. Luego lograron empujar a los egipcios hasta la ciudad egipcia de Suez.

Fue entonces cuando las Naciones Unidas intervinieron de nuevo y consiguieron negociar otro alto el fuego. Afortunadamente, esta sería la última guerra que Israel tendría que librar contra Egipto. Pocos años después, el 26 de marzo de 1979, con la ayuda del presidente estadounidense Jimmy Carter, Israel y Egipto normalizaron sus relaciones, convirtiendo a Egipto en el primer país musulmán en reconocer a Israel.

Casi dos décadas después, Jordania decidió seguir su ejemplo, firmando un tratado de paz con Israel en 1994 bajo la dirección del presidente estadounidense Bill Clinton. Esto significó que dos de los principales agresores en el pasado de Israel estaban oficialmente en paz con la nación antes de que el siglo XX llegara a su fin.

Las siguientes naciones árabes que se sentarían a la mesa fueron los Emiratos Árabes Unidos (EAU), Bahréin, Sudán y Marruecos. En 2020, bajo la presidencia de Donald Trump, estas cuatro naciones decidieron normalizar sus relaciones con Israel, una tras otra.

A pesar de lo que cualquiera pueda decir, esto es una gran noticia. En 1948, no había ningún país de mayoría musulmana dispuesto a reconocer el derecho de Israel a existir. Ahora, Egipto, Jordania, los Emiratos Árabes Unidos, Bahréin, Sudán y Marruecos han acordado no solo reconocer a Israel, sino también convertirse en socios comerciales del Estado judío. En lugar de querer luchar con Israel, estas naciones quieren hacer negocios. Solo cabe esperar que esta tendencia a la paz continúe por el bien de los judíos, de Israel y del mundo entero.

Conclusión: La historia del mundo

Los judíos surgieron de la oscuridad en Oriente Medio. Los hijos de Israel se encontraron en la tierra de Canaán —su Tierra Prometida— antes de ser desviados a Egipto. Allí, languidecieron en la esclavitud durante algunos siglos hasta que un líder llamado Moisés se levantó para conducirlos a la libertad. Sobre sus hombros, fortuitos, pero reacios, descansaba la esperanza de toda una nación.

Las Escrituras nos dicen que Moisés no tuvo confianza en su misión desde el principio y que incluso cuestionó a Dios cuando se le comunicó su encargo divino. Ciertamente no era un líder perfecto, pero fue el elegido para la tarea. Tropezó y se equivocó repetidamente. Incluso tuvo un mal caso de pánico escénico cuando tuvo que hablar frente al faraón egipcio. Sin embargo, Moisés condujo a su pueblo de vuelta a la tierra prometida.

Una vez libre de las ataduras de Egipto, Israel fue gobernado inicialmente por una serie de jueces, que fueron seleccionados por su astuta capacidad para evaluar la situación y proporcionar a la nación justo lo que necesitaba en el momento adecuado. Sin embargo, con el tiempo, los judíos anhelaron tener un rey como sus vecinos.

Los hijos de Israel fueron advertidos de que no debían buscar o codiciar tales convencionalismos culturales, pero el impulso de un potentado entre la población pronto resultó inevitable. Este deseo les trajo una larga serie de reyes, algunos buenos y otros malos. Les trajo al rey David, pero también al rey Herodes y, por supuesto, todas las conspiraciones e intrigas dinásticas que hubo de por medio.

Mientras tanto, las potencias extranjeras se levantaron alrededor del estado judío y comenzaron a interferir en el destino de Israel. El reino fue dividido e invadido, y toda Judea fue finalmente enviada al cautiverio babilónico. Sin embargo, regresarían para reconstruir su nación. Pero Israel volvería a quedar bajo el dominio de otra potencia extranjera, primero los griegos y luego los romanos.

Los romanos derribarían su templo y expulsarían a los judíos a una diáspora que duraría casi 2.000 años. Muchas cosas sucedieron desde entonces hasta la fundación del actual Israel en 1948. La tierra de Sión se levantó y cayó, y luego volvió a levantarse. Fue derribada, pero no importaba lo que pasara, siempre se volvía a levantar. Imperios enteros han mordido el polvo hace tiempo, pero Israel permanece. La historia de los judíos es una historia de lucha, determinación y victoria. La historia de los judíos es la historia del mundo entero.

Vea más libros escritos por
Captivating History

Apéndice A: Otras lecturas y referencias

Everyman's History of the Jews. Sulamith Ish-Kishor, 2018.

A Short History of the Jewish People: From Legendary Times to Modern Statehood. Raymond P. Scheindlin, 2000.

A History of the Jews: The Indestructible Jews, The Jews in America, and Appointment in Jerusalem. Max I. Dimont, 2017.

A History of the Jewish People. Abraham Malamat, 1976.

Jensen's Survey of the Old Testament. Irving L. Jensen, 1978.

Jensen's Survey of the New Testament. Irving L. Jensen, 1981.

The Great Roman-Jewish War. Flavius Josephus, 2012.

Printed in the USA
CPSIA information can be obtained
at www.ICGtesting.com
LVHW082035041123
762998LV00006B/539